보수의 나라 대한민국

보수의 나라 대한민국

초판 1쇄 펴낸 날 | 2012년 10월 22일

지은이 | 조윤호
펴낸이 | 박재영
편집 | 강곤
디자인 | 나윤영
종이 | (주)월드페이퍼
출력 | 상지사
인쇄·제본 | 우진비엔피

펴낸곳 | 도서출판 오월의봄
주소 | (413-841) 경기도 파주시 탄현면 참매미길 194-9
등록 | 제406-2010-000111호
전화 | 070-7704-2131 팩스 | 0505-300-0518
이메일 | maybook05@naver.com 트위터 | @oohbom 블로그 | blog.naver.com/maybook05

ISBN 978-89-97889-05-1   03300

보수의 나라 대한민국

조윤호 지음

박근혜로 한국 사회 읽기

오월의봄

대한민국은 왜 보수의 나라가 되었을까

"한국은 아직 보수의 나라다."

고 노무현 전 대통령이 자신의 자서전에 남긴 말이다. 사실이다. 대한민국은 보수의 나라다. 귀족들의 사회였던 과거부터, 오늘날까지 한국은 보수의 나라다. 물론 가끔 변화를 추구하는 진보적인 세력, 정치인이 등장하기도 했다. 그러나 그 변화는 보수의 커다란 벽에 가로막혀야 했다.

해방 이래 보수를 표방하지 않는 세력이 선거에서 승리한 적은 딱 세 번뿐이다. 김대중 전 대통령은 보수 세력의 색깔론(김대중은 친북좌파)을 뛰어넘는 데 수십 년의 세월이 걸렸다. 그러나 국회를 장악한 보수 세력 때문인지, 김대중 자신이 보수 세력을 닮아가거나 보수 세력의 기반 위에 서 있었기 때문인지 김대중은 대북 정책을 제외하고는 보수 세력과 크게 다르지 않았다. 진보와 개혁을 내세웠던 노무현 전 대통령도 마찬가지였다. 진보를 표방한 열린우리당이 의회를 장악했지만, 열린우리당과 노무현은 사실상 대북 정책을 제외하고는 크게 다른 모습을 보여주지 못했다. 노무현은 임기 후 어떤 자리에서 "진보적 가치를 표방했지만, 여러 가지 어려움으로 인해 분배 정책은 꺼내보지도 못했다"고 털어놓았다. '진보정당'을 표방했던 민주노동당, 통합진보당 그리고 진보신당, 녹색당의 상황을 보라. 진보정당이 국회에 진출하는 건 낙타가 바늘구멍 통과하는 것보다 힘들다.

정치권뿐만이 아니다. 한국의 보수는 사회 곳곳에 포진하고 있다. 현 질서와 현 체제의 유지를 가장 바라는 보수 세력인 대기업과 자본, 경제인들이 한국 보수의 보루를 굳건하게 지키고 있다. 정부가 조금만 시장에 개입하려고 하면, 기업과 자본의 이해관계를 조금이라도 침해하면 그들은 두 팔 두 손 다 걷어붙이고 나선다.

사회의 다양한 목소리를 전해야 할 언론은 또 어떤가? 보수언론을 표방하는 조선, 중앙, 동아일보가 아직도 신문시장의 70% 이상을 지배하고 있다. 이들은 진보적이고 개혁적인 사람들에게 친북, 좌파라는 딱지를 붙인다. 정부가 시장에 개입하면 안 된다는 논리는 보수언론의 진리이기도 하다. 이 진리를 어기는 자는 포퓰리스트이거나 사회주의자이거나 빨갱이다.

변화나 개혁보다는 현상유지와 안정만을 추구하고, 이를 위해 변화를 요구하는 이들을 좌파, 공산주의자, 친북 세력으로 규정하는 보수 세력들. 보수 기득권 세력과 본인들만의 이해관계를 위해 권력을 이용하고, 권력을 유지하기 위해 비리를 밥 먹듯이 저지르는 사람들.

보수가 하는 말을 들으면서, 보수의 행동을 보면서 많은 사람들은 고개를 갸우뚱한다. 학력도 좋고 배울 만큼 배웠다는 기득권 보수 정치인들이 온갖 성희롱과 추문에 휩싸이고, 초등학생보다 무식해 보이는 말들을 아무렇지도 않게 툭툭 내뱉는다. 하나같이 깨끗한 정치를 약속하지만 늘 비리가 발각되어 잡혀간다. 반공을 내세우는 보수단체들은 빨갱이들을 때려잡자며 가스통을 들고 거리에 나오고, 마구잡이로 폭력을 휘두른다. 언론은 이러한 보수의 문제점을 지적하기보다 보수의 적이 될 진보를 공격한다. 국가권력을 집행한다는 검찰과 경찰도 마찬가지다.

　더 기가 막힌 노릇은 이렇게 기득권을 유지하려는 보수의 노력이 먹혀들어가고, 많은 이들이 보수주의자를 자처하며 보수를 지지한다는 것이다. 자발적으로 보수단체에 가입하고, 거의 무조건적으로 보수 정치인을 지지하며, 돈 많은 자본가와 기업인들을 존경한다. 가진 게 많은 기득권뿐만이 아니다. 돈 없고 가난한 이들 중 많은 수가 보수를 동경하고, 존경한다. 이렇게 가진 게 많은 이들은 사회적으로 존경을 받지만, 노동자가 해고되는 건 뉴스에 나오지도 않고, 비정규직이 넘쳐나도 그건 개인의 책임과 무능함 탓일 뿐이다. 대체 어쩌다 우리는 보수의 가치관이 흥하는 사회에 살게 된 걸까? 도대체 왜 이들을 지지하는 사람들이 많아진 것일까?

나는 이 의문을 해결하기 위해 '박근혜'에 주목한다. 박근혜는 대한민국 보수의 중심이다. 고귀한 신분에, 애국과 국민을 강조하는 국가관, 현 체제(자본주의와 시장경제)를 유지해야 한다는 보수의 가치관을 동시에 지닌 '모태보수'다. 게다가 '따뜻한 보수'를 표방하며 진보의 가치인 복지와 경제민주화까지 가져왔다. 보수의 가치관을 뼛속까지 새기고 있으면서, 개혁하고 변화하는 보수라는 이미지까지 가지고 있다. 사람들이 왜 박근혜를 지지하는지를 살펴보면, 보수가 한국에서 왜 먹혀드는지 그 의문이 조금이나마 풀릴 것이다.

1부에서 나는 사람들이 왜 박근혜를 지지하는지 그 요소들을 분석할 것이다. 사람들이 박근혜를 지지하고, 박근혜에 열광하는 이유는 곧 많은 사람들이 보수를 지지하고, 보수주의자를 자처하는지에 대한 대답이 될 수 있을 것이다. 2부에서는 '보수'가 무엇인지, 보수의 가치관과 세계관이 어떤지에 대해 간략하게 설명하고, 박근혜가 이 보수의 가치관을 얼마나 충실히 이행하고 있는지 살펴볼 것이다. 그리고 나아가 박근혜의 나라에서 보수주의자가 아닌 사람이 행복하게 살아갈 수 있을지에 대해 알아본다. 마지막으로 3부에서는, 박근혜가 내세우는 복지, 경제민주화에 대해 살펴보고, 이것만으로 우리들이 행복해질 수 있을지 살펴볼 것이다. 더 나아가 박근혜를 비판하고 진보를 자처하는 이들이 과연 박근혜를, 즉 보수의 상징을 넘어설 수 있을지 간략하게 알아본다.

나는 이 책에서 보수 세력을 지지하라거나, 진보 세력을 지지하라고 주장할 생각이 없다. 열심히 투표해서 훌륭한 대통령을 뽑자고 말할 생각도 없다. 내가 박근혜에 대해 생각하는 이유는 다수의 사람들이 '특정 인물'을 지지하는 현상을 통해, 다수 사람들의 한국 사회에 대한 생각, 정치에 대한 생각을 알 수 있기 때문이다. 그리고 대한민국 보수의 실체에 대해 알 수 있기 때문이다. 나는 이 생각에 대해 의문을 제기하는 수단으로, 박근혜에 대해 생각한다.

박근혜를 생각한다, 보수의 나라 대한민국을 생각한다, 한국 사회를 생각한다.

2012년 10월

조윤호

차례

1부

보수는 왜 박근혜에 열광하는가

1부

보수는 왜

박근혜에 열광하는가

영향력 있는 정치인, 힘 있는 정치인은 누구인가? 정치인에게 영향력과 힘의 척도는 '대중성'이다. 아무리 정책 역량이 뛰어난 정치인이라도, 아무리 정당 내에서 영향력이 강한 정치인이라도, '대중성'이 없으면 국회의원이나 대통령이 될 수 없을뿐더러 자신의 힘을 발휘할 기회조차 없다. 적어도 민주주의 사회에서는 그렇다. '대중성'은 단지 '유명하다' 혹은 '이름이 널리 알려져 있다'를 의미하지는 않는다. 그렇다면 고소남 강용석은 쉽게 국회의원이 되었을 테고, IQ 430 허경영은 대권 주자로 떠올랐을 것이다. 얼굴을 알리는 것을 넘어서, 대중의 지지를 받아야 비로소 '대중성'이 생겨난다. 그리고 그 지지는 견고하고 탄탄할수록 좋다. 충성심 높은 지지자들이 많을수록 정치인의 영향력은 늘어난다.

실제로 한국 사회를 주름잡은 정치인들에게는 늘 충성심 높은 지지자들이 있었다. 김대중 전 대통령에겐 호남을 기반으로 하는 탄탄한 지지층이 있었다. 노무현 전 대통령 역시 마찬가지다. 그에겐 노무현의 이름만 들어도, 밀짚모자를 쓴 사진만 봐도 울컥하는 지지자들이 있었다. '노빠' 혹은 '노사모'라 불리는 노무현 지지자들은 비주류 정치인이었던 노무현을 대통령으로 만드는 데 큰 기여를 했다.

그리고 박근혜. 박근혜에게도 김대중, 노무현과 비견될 정도로 견고하고 튼튼한 지지자들이 있다. 대구·경북 지역, 50~60대, 보수우파 성향의 유권자들이 박근혜를 탄탄하게 지지하고 있다. 지난 2007년 한나라당 대선 경선 당시, 지지층이 겹치는 이명박 후보와 경선을 벌일 때도 박근혜의 지지율은 30%를 유지했다. 박근혜와 견줄 만한 보수우파 후보가 없는 지금, 박근혜의 지지율은 40%를 넘어 50%에 육박하고 있다.

그렇다면 보수는 왜 박근혜를 지지하는 것일까? 박근혜 지지자들은 왜 박근혜를 지지하는 것일까? 당연하게도, 나는 그 이야기를 '박정희'에서 시작하고자 한다.

박근혜는 박정희다?

우리는 박근혜에 대한 이야기를 '박정희'에서 시작해야 한다. 왜 그럴까? 사람들이 박근혜를 지지하는 이유를 살펴보면 답이 나온다. 사람들은 '왜 박근혜를 지지하느냐'는 질문에 뭐라고 대답할까? 가장 큰 이유는 '박정희'와 '여성'이다. 박근혜가 박정희의 딸이기 때문에, 박근혜가 여성이기 때문에 지지한다는 것이다. 그 밖의 이유로는 청렴하다, 경험이 많다, 소신이 있다, 능력이 있다 등등의 이유가 있다.

청렴하다, 경험이 많다, 소신이 있다, 능력이 있다 등등은 박근혜에 대한 '주관적 평가'이다. 박근혜에게 씌워진 일종의 이미지이다. 사생활이 잘 드러나지 않은 박근혜가 청렴한지 아닌지 우리는 자세히 알 수 없다. 경험이 많은지, 능력이 있는지에 대해서도 마찬가지다. 어떤 이들은 박근혜가 당대표 시절 새누리당(구 한나라당)을 잘 이끌었으며, 9세 때부터 청와대에서 생활한 경험이 있기 때문에 정치 경험이 풍부하고 능력도 갖추었다고 말한다. 하지만 어떤 이들은 박근혜가 좋은 이미지로만 가득 차 있을 뿐 정책이나 콘텐츠는 갖추지 못했다고 비판한다. '소신 있다'(그러므로 지지한다)는 것 역시 주관적인 평가이다. 정치인에게 소신은 원칙과 약속을 끝까지 지킨다는 점에서 장점으로 작용하지만, 변하는 상황에 유연하게 대응하지 못한다는 점에서는 단점이 될 수도 있다.

하지만 박근혜가 박정희의 딸이라는 것은 주관적인 사실이 아니라, 객관적인 사실이다. 그러므로 박근혜에 대해서, 박근혜가 왜 많은 지지를 받는지 분석하기 위해서, 박근혜 리더십에 대해 분석하기 위해서 이 객관적인 사실에서 출발해야 한다.[1] 박근혜의 모든 장점을 부정하는 박근혜 비판론자들도 박근혜가 박정희의 딸이라는 사실을 부정할 수는 없다. 그들은 오히려 '박근혜가 박정희의 딸이기 때문에' 박근혜는 대통령이 되면 안 된다는 논리로 나아간다.

박근혜는 박정희의 딸이라서 안 돼!?

진보 진영 인사들은 박근혜가 박정희의 딸이라는 점을 집요하게 파고든다. 박근혜에게는 '독재자의 딸', '유신공주', 심지어 '친일파의 딸'(박정희는 친일파)이라는 칭호가 붙는다. 동국대 강정구 교수는 박근혜에 대해 다음과 같은 평가를 내렸다. "박근혜의 정체성은 유신독재정권의 퍼스트레이디로 미소 짓는 정체성밖에 없다. 박근혜의 정체성은 반민족 반민주 반인간적이며 이는 박근혜의 정체성일 수밖에 없다."[2]

---

1 또 다른 객관적 사실인 '여성'에 대해서는 다음 장에서 다룰 것이다.
2 강준만,《강남좌파》, 인물과사상사, 2011.

《한겨레》 칼럼리스트 정석구 역시 〈'독재자의 딸'과 꽃가마〉라는 글에서 박근혜가 새누리당(당시 한나라당) 비상대책위원장으로 임명된 것에 대해 다음과 같이 말했다. "박근혜 의원이 누구인가. 그는 박정희 전 대통령의 딸이다. 박 대통령에 대한 엇갈린 평가에도 불구하고 그가 집권 18년 동안 민주주의를 짓밟고 독재정치를 자행했다는 건 누구도 부정할 수 없다. 100개, 1,000개의 형광등 아우라로 치장한다 해도 이런 역사적 사실이 감춰지진 않는다. 그런 독재자의 딸인 박 의원이 꽃가마를 타고 한나라당을 쇄신하겠다고 나선들 이에 감동할 국민이 얼마나 되겠는가."[3]

박근혜를 '독재자의 딸'이라고 가장 강하게 비판하는 이들은 지식인들이 아니라 박근혜의 정적이라 할 수 있는 진보 진영의 정치인들이다. 2004년 박근혜는 노무현 대통령의 탄핵 역풍으로 지지율이 7%까지 떨어진 한나라당을 구하기 위해 당대표로 취임했다. 이때 여당이던 열린우리당은 박근혜를 그야말로 맹공격했다. 당시 열린우리당 이평수 수석대변인은 박근혜의 한나라당 대표 당선이 "수구보수 정당에 박정희를 분칠"한 것이라고 주장했고, 유은혜 부대변인은 "5공 독재(전두환)가 물러간 자리에 3공 독재(박정희)가 분칠하고 부활하는 것"이라고 주장했다.[4] 평소 후덕한(?) 인품을 자랑하던 한명숙 열린우리당 의원도 2005년 3월 13일 열린우리당 전남도당 대회

---

3 정석구, 〈독재자의 딸과 꽃가마〉, 《한겨레》, 2011.12.13.
4 정용관, 〈[한나라 전당대회] "박근혜 바람불면…" 열린우리당 촉각〉, 《동아일보》, 2004.3.23.

에서 "유신공주와 싸워 이기겠다"고 말했다.[5]

　지금도 여전히 박근혜의 정적들은 박근혜가 박정희의 딸이라는 이유로 그녀를 비판한다. 박근혜를 유신공주로 지칭했던 한명숙은 2011년 민주통합당 전당대회 경선에서 "박근혜는 독재정권을 이끌던 박정희의 딸"이라며 박근혜가 대통령이 되는 것을 막아야 한다고 주장했다.[6] 민주통합당 박지원 원내대표는 국회에서 열린 고위정책 회의에서 "이 나라 '친일 종북의 원조'는 박정희"라며, "박 전 대통령의 친일 행적으로는 여러 가지가 있지만 만주국 군관 지원 편지 내용에 '한 번 죽음으로써 충성함. 박정희'라고 혈서를 썼다. 우리는 박근혜 전 비대위원장을 '유신독재자의 딸' 그리고 '친일 종북 원조의 딸'이라고 규정한다"고 말했다.[7]

　민주통합당 대통령 후보였던 이들도 역시 같은 논리로 자신들의 가장 강력한 정적인 박근혜를 비판했다. 김두관 전 경남지사는 박근혜를 "독재자의 자녀,", "왕의 딸"이라고 지칭했고, 더 나아가 "박근혜 의원은 독재자의 딸이라고 하기보다는 본인이 독재자에 가깝다"고 말했다.[8] 문재인 의원은 박근혜에 대해 "제가 가난으로 고생할 때 청와대 공주처럼 사셨고 제가 독재 권력에 맞서 싸우던 시기에는 독재 권력 핵심에 있었다"고 말했다.[9] 문재인은 더 나아가 박정희의 과오

5　강준만, 《강남좌파》, 인물과사상사, 2011.
6　〈민주 당권주자, 제주서 '박근혜 비대위' 맹공〉, 《연합뉴스》, 2011.12.28.
7　송수연, 〈박지원 '박근혜 前위원장 친일종북 원조의 딸'〉, 《서울신문》, 2012.6.22.
8　장재완, 〈김두관 '독재자의 딸? 박근혜는 독재자에 가깝다'〉, 《오마이뉴스》, 2012.7.10.
9　김지섭, 〈문재인 '박근혜, 청와대 공주처럼 사셨다'〉, 《조선일보》, 2012.6.27.

정수장학회란?

정수장학회는 돈 없는 인재들의 학업과 연구를 돕는다는 명목으로 설립된 단체이다. 1962년 그 전신인 부일장학회가 설립되었고, 이 소유권이 국가에게로 넘어왔다. 이후 박정희의 '정'과 육영수의 '수'를 따 이름이 정수장학회로 바뀌었다. 이후 박정희 일가와 측근들이 정수장학회를 운영했고, 박근혜도 이사장을 지냈다. 현재는 최필립이 이사장을 맡고 있다.

정수장학회를 둘러싼 논란은 크게 세 가지다. 첫째, 1962년 부산 지역 기업인 김지태가 세운 부일장학회를 박정희 정권이 강탈했다는 것이다. 이에 대해 박근혜는 김지태의 자발적인 헌납이었다고 주장하고 있다. 둘째, 정수장학회를 운영하면서 박근혜를 비롯한 이사회 임원들이 횡령 및 탈세를 했다는 의혹이 있다. 셋째, 정수장학회는 《부산일보》 지분 100%를 보유하고 있는데, 이 지분을 이용해 정수장학회가 《부산일보》의 편집권에 개입한다는 것이다. 이에 대해 《부산일보》 기자노조가 파업을 전개하며 맞서고 있다. 《부산일보》가 박근혜를 비판하는 기사를 실으려 하자, 사측이 이를 신문에 싣지 못하게 하는 일도 있었다. 《부산일보》 노조는 정수장학회의 실세인 박근혜가 나서서 《부산일보》의 편집권을 보장하라고 주장하며, 박근혜는 자신은 관련이 없다고 주장하고 있다.

들을 지적하며 박근혜를 몰아붙였다. 그는 정수장학회 문제를 박근혜가 해결해야 한다고 주장했으며, 박정희가 독도를 폭파하려 했다고 주장하며 박근혜 캠프와 설전을 벌였다.

민주통합당이나 진보 지식인들뿐만이 아니다. 새누리당의 대선 주자였던 김문수 경기도지사는 경기도청 직원들을 대상으로 한 월례조회 시간에 '부모 잘 만난 리더십'에 대해 비판했다. 그가 박근혜를 직접 언급한 것은 아니다. 그는 북한의 김정은을 비판하면서 "부모를 잘 만나서 잘나가는 세습 리더십보다는 역경을 딛고 헤쳐 나가면서 서민의 삶 구석구석을 이해하는 서민적 리더십이 필요하다"고 말했다. 하지만 언론과 정치권은 김문수의 발언이 박근혜를 겨냥한 것이라고 분석했다.[10] 또한 김문수는 〈TVN 백지연의 피플 인사이드〉에서 박근혜의 리더십이 "(아버지인 박정희 전 대통령의) 후광에 의한 리더십"이라고 비판했다.[11]

박근혜가 '박정희의 딸'이라는 비판은 단순해 보이지만 여러 가지 결이 다른 주장들을 포괄한다. 첫째는 박근혜는 독재자이며 친일파의 딸이므로 대통령이 될 자격이 없다는 것이다. 하지만 이런 비판은 합당한 비판이 아니다. 박근혜가 박정희의 딸로 태어나고 싶어서 태어난 건 아니다. 박근혜가 박정희의 딸이라는 이유만으로 박정희의 과를 모두 뒤집어써야 한다면, 이는 '연좌제'다. 어떤 이들은 민주주의

---

10 〈김문수 '부모 잘 만난' 세습 리더십 비판〉,《연합뉴스》, 2012.5.4.
11 김은정, 〈김문수 경기지사 "박근혜는 기성상품, 나는 신제품"〉,《조선일보》, 2012.5.14.

국가인 한국에서 독재자의 딸이 대통령이 된다면 다른 나라들이 한국을 어떻게 보겠느냐고 말한다. 실제로 《로이터 통신》, 《르몽드》, 《뉴욕타임스》 등 외신들은 박근혜에게 '독재자의 딸'이라는 호칭을 붙였다. 하지만 진짜 민주주의 국가라면 오히려 연좌제 같은 건 없어야 하며, 독재자의 딸이라도 자유롭게 자기 의견을 개진하며 정치에 참여할 수 있다.

박근혜는 박정희의 후계자라서 안 돼!?

박근혜가 박정희의 잘못을 인정하지 않고, 오히려 박정희의 독재와 유신 체제를 긍정한다면 문제가 달라진다. 박근혜는 단순히 박정희의 딸이기 때문이 아니라 박정희의 과오를 인정하고 반성하지 않기 때문에 욕을 먹는다. 실제로 박근혜는 대선 출마 직후인 2012년 7월 16일 중구 프레스센터에서 박정희의 5·16 쿠데타를 옹호하는 발언을 했다가 뭇매를 맞았다. "돌아가신 아버지(박정희 전 대통령)로서는 불가피하게 최선의 선택을 한 것이 아닌가 생각한다. (…) 당시 가난하고 안보적으로 위험했던 상황이었고, 나라의 발전이라든가 오늘날 대한민국이 있기까지 5·16이 초석을 만들었다"고 말하자 여기저기서 비판이 쏟아졌다. 민주통합당과 통합진보당은 박근혜의 역사관이 잘못되어 있다며 비판했고, 역사학계도 이를 거들었다. 새누리당 소속인 김문수 경기도지사, 임태희 전 청와대 실장, 이재오 의원도 박근혜의 역사관을 비판했다. 누리꾼들은 소련의 지배자 스탈린의 딸 스베틀라나의 발언과 박근혜의 발언을 비교하며 박근혜를 비판했다.

> "우리 아버지는 독재자였고, 딸로서 침묵한 나도 공범자다. 이제 아버지는 세상에 없으니 내가 그 잘못을 안고 가겠다."
> – 스베틀라나 알릴루예바
> "5·16은 아버지의 불가피한 최선의 선택이었습니다."
> – 박근혜 새누리당 대통령 후보

이 사건이 처음은 아니다. 박근혜는 박정희의 과오를 비판한 적이 없다. 아니, 오히려 박정희를 옹호하고 긍정한다. 1989년 MBC와의 인터뷰에서 "5·16은 구국의 혁명이었다. 과연 5·16과 유신이 없었다면 대한민국이 존재할 수 있었겠나?"라고 말했다. 더 나아가 5·16이 4·19 정신을 계승했다는 말도 했다. 또한 '공산당의 밥'이 될지도 모르는 상황에서 유신독재는 어쩔 수 없는, 구국을 위한 선택이었다는 말도 했다.[12] 10·26 사태로 박정희가 죽고, 박정희에 대한 비판이 늘어났지만 박근혜는 이에 굴하지 않고 박정희를 옹호했다. "소신을 펴나가는 과정에서 욕을 안 먹을 수 없으니 그 비난은 가슴에 다는 훈장 이상으로 자랑스러운 일이다. 손에 물 한 방울 묻히지 않고 설

---

12 박근혜, 《고난을 벗 삼아 진실을 등대 삼아》, 부산일보출판국, 1998.

박근혜의 박정희 독재 및 유신 체제 옹호 발언들

"유신 없이는 아마도 공산당의 밥이 되었을지 모른다."

1981년 10월 28일 일기

"1970년대의 노력과 땀이 없었다면 지금 우리 민족의 설 땅이 과연 어디 있을
수 있겠는가."

1985년 7월 26일 일기

"돌아가신 아버지에 대한 중상이 또 시작된 것을 보면 역시 기념사업의 한계를
느끼게 된다. 실컷 애써 왜곡을 벗겨놓으면 또다시 새로 만들어 왜곡을 시작한
다. 그리고 국가에 대해 품으셨던 원대한 그 꿈, 그 꿈을 이루기 위해 피땀 흘리
셨던 노고, 이 모든 것은 제대로 계승되지도 못하고 내팽개쳐져 있는 것이다."

1990년 2월 7일 일기

"유신과 자주국방은 떼려야 뗄 수가 없다. 아버지는 유신을 통해 북한보다 10년
이나 뒤진 우리나라의 병기를 독자적으로 생산해서 자주국방을 달성하려 했다.
그런 계획을 차질 없이 수행하려면 사회의 안정이 유지되어야 하고, 사회의 안
정이 유지되려면 강력한 지도체제가 불가피했기 때문에 유신을 통해 그것을 이
루려 했던 것이다."

"(5·16 무렵엔) 그때 상황이 너무나 나라가 혼란스러웠고, 남북 간 대치 상황에서 잘못하면 북한에 우리가 흡수될 수 있는 상황이었다. 또 혁명규약에 보면 '기아선상에 헤매는 국민을 구제하고' 이런 얘기가 나올 정도로 기아선상에 헤맸다. 그렇기 때문에 저는 구국을 위한 혁명이었다고 생각한다."

2007년 후보 검증 청문회

거지 하는 것만큼이나 욕먹지 않고 일하기는 어렵다. 일 잘하고 나서 그릇 한두 개 깬 것만 가지고 욕을 하는 풍토라면 그 나라는 많은 애국자를 기대하기 어렵다."(10·26 석 달 뒤인 1980년 2월 7일 일기)[13]

박근혜는 박정희 시절 누명을 쓰고 죽은 사람들에 대해서도 박정희의 잘못을 인정하지 않는다. 김대중 정부 시절인 2002년 9월 대통령 직속 의문사진상규명위원회는 박정희 정권 시절에 벌어진 인민혁명당 사건이 고문에 의해 조작된 것이라고 발표했고, 같은 해 인혁당 사건의 유족들이 법원에 재심을 요청하면서 인혁당 관련자들은 무죄라는 결론이 나왔다. 그러나 박근혜는 "법적으로 이미 결론 난 사건"이라며 박정희의 잘못을 인정하지 않았고, 32년 만에 무죄판결이 나왔음에도 "법원에서 정반대의 두 가지 판결을 내렸다. 그렇다면 뭐가 진실인가. 역사적 진실은 한 가지밖에 없다"며 "역사가 앞으로 밝혀주기를 바란다"고 말했다.[14]

물론 박근혜는 정치인이 된 이후 박정희 정권 시절 인권 탄압 등으로 피해를 본 사람들이 있다는 사실을 인정했다. 2004년 8월 박근혜는 박정희의 정적이었던 김대중을 만나 "아버지 시절에 많은 피해를 입고 고생한 것을 딸로서 사과드린다"라고 말했다. 2007년 7월에는 박정희의 정적이자 유신 시절 의문사를 당한 장준하의 부인을 만나 위로의 인사를 건넸다. 언론과의 인터뷰를 통해 산업화 과정에

---

13 박근혜, 《고난을 벗 삼아 진실을 등대 삼아》, 부산일보출판국, 1998.
14 〈박근혜 "나는 보수 아닌 중도다"〉, 《뷰스앤뉴스》, 2007.3.15.

인민혁명당 사건이란?

박정희 정권 시절, 사회주의 성향의 인물들이 기소되어 선고 18시간 만에 사형이 집행된 사건이다. 1964년 1차 인민혁명당 사건에서는 반공법, 1974년 2차 인민혁명당 사건에서는 국가보안법, 대통령 긴급조치 4호 위반 등에 의해 기소되었다. 1차 사건에서 중앙정보부장 김형욱은 검거된 41명이 "조선민주주의인민공화국 노동당으로부터 지령을 받아, 반(反) 대한만국 정부 조직 인민혁명당(인혁당)을 조직해, 각계에서 인사(人士)를 모으면서 국가 사변(事變)을 기획했다"라고 주장했다. 이들 중 일부는 유죄판결을 받았다. 1974년 중앙정보부는 다시 사회주의자들이 '인혁당 재건위원회'를 수립하려 했다며, 240명을 검거했다. 1975년 대법원이 이들 중 8명에게 사형을 선고하고, 18시간 만에 사형을 집행했다. 그러나 이는 중앙정보부의 조작으로 알려져 있으며, 국가가 법으로 무고한 국민을 죽인 사법살인의 사례로 알려져 있다. 2005년 사법부가 이 사건에 대한 재심소를 받아들여, 2007년 피고인 8명의 대통령 긴급조치 위반, 국가보안법 위반, 내란 예비·음모, 반공법 위반 혐의에 대해 무죄를 선고했다.

서 '본의 아니게' 피해를 본 사람들에게 사과하기도 했다. 그러나 그녀는 박정희의 독재는 어쩔 수 없는 최선의 선택이었다는 생각을 거두지 않았다. 유신독재도 미화한 바 있다. 다만 '본의 아니게' 피해를 본 사람들에게 미안함을 표현했을 뿐이다.

나아가 박근혜는 박정희를 옹호하고 박정희의 뜻을 이어가기 위해 정치인의 길을 걷게 되었다. 박정희가 죽은 이후 청와대를 떠나 세상에서 사라졌던 그녀는 노태우 정부 때 박정희 추모 사업을 벌이기 위해 세상에 다시 모습을 드러냈다. 추모 사업의 일환으로 박근혜는 1990년 영화 〈조국의 등불〉을 제작하기도 했다. 이 영화는 5·16에 대해 다음과 같이 말한다. "(4·19 이후) 서투른 민주주의가 뿜어내는 공해로 인해 정치는 표류하고 세상은 불만과 불평으로 가득했다. (…) 더욱 기막힌 것은 나라 살림보다는 내 살 길에 혈안이 된 정치인들이 나라를 보살펴야 하는 의무와 책임은 젖혀놓고, 주먹질로 세상을 잡으려고 아우성치는 것이 정치 1번가의 풍경이었다. 국민들은 강력한 지도자를 갈망했다. 국민의 편에 서서 국민의 어려움을 헤아려주는 청렴한 정치인을 고대했다. 1961년 5월 16일 은인자중하던 군부가 나라의 위기를 구하기 위해 드디어 궐기했다."[15]

'박정희'는 박근혜가 정치에 본격적으로 뛰어든 계기였으며, '박정희의 뜻과 꿈'은 박근혜가 정치를 통해 이루고 싶은 목표이기도 했

---

15 김의현, 〈궁정동 총성'석 달 뒤 박근혜 일기에는 "소신 펴 나갈 때 욕 안 먹을 수 없어"〉 [2012 대선주자 탐구] 박근혜 ① 역사관과 통치관〉, 《한겨레》, 2012.7.15.

다. 박근혜는 1997년 이회창 한나라당 후보를 지지하면서 정치에 뛰어들었다. 박근혜는 IMF 때문에 자신이 정치에 몸을 담을 수밖에 없었다고 말했다. 2012년 SBS 〈힐링캠프〉에 출연한 그녀는 "1997년 IMF에 충격을 받았다. 어떻게 세워진 나라인데 이렇게 흔들려서는 안 된다고 생각했다"고 말했다. 박근혜의 자서전에 이에 대해 더 자세한 이야기가 나온다.

"1997년 터진 IMF는 엄청난 충격이었다. 연일 보도되는 국가부도 위기, 대량 실업사태와 생활고에 시달리는 사람들의 기사를 보고 있으면 가슴 밑바닥까지 분노가 일었다. 어떻게 세운 나라인데 이처럼 어이없이 무너지나 하는 절박한 마음이 들었다. (…) 1970년대 우리의 목표는 오로지 하나였다. 단시간 안에 국민소득 1천 불이 되는 나라를 만들겠다는 각오로 대통령도 국민도 힘을 모아 뛰었다. 우리 모두가 세 끼를 배부르게 먹을 수 있는 나라, 안보 걱정 없는 나라를 만들기 위해 너나 할 것 없이 힘을 모았다. 그 과정을 누구보다 가까운 자리에서 지켜보며 성장한 내가 IMF를 맞아 위기에 처한 한국을 바라보는 아픔은 남다를 수밖에 없었다. (…) IMF가 터진 이후 나라를 위해 작으나마 내가 할 수 있는 일이 무엇일까 고민이 되었다. (…) 나는 '정치인 박근혜'의 길을 가기로 결심했다. 대한민국의 발전을 위해 남은 생을 모두 바치겠다는 각오를 다졌다."[16]

---

16 박근혜,《절망은 나를 단련시키고 희망은 나를 움직인다》, 위즈덤하우스, 2007.

이처럼 박근혜가 외환위기를 계기로 정치에 참여하게 된 이유는 아버지와 국민들이 건설한 대한민국이 무너지는 것을 막기 위해서였다. 즉 아버지의 뜻을 이어받아 대한민국의 경제를 살리고, 민생 문제를 해결하기 위해 정치를 하기로 결심한 것이다. 또한 박근혜는 2003년《신동아》에 쓴 기고문에서 정치에 나선 이유가 "아버지 때 못 이룬 이 나라의 민주정치를 꽃피우기 위해"라고 밝혔다. 박근혜는 '복지국가 건설'을 대한민국의 과제로 내세우면서도 아버지를 잊지 않고 언급했다. "아버지가 경제 성장을 이룩하셨지만 경제 성장 자체가 목적이 아니었다. 아버지의 꿈은 최종적으로 복지국가였다. 여전히 이루지 못한 우리의 궁극적 꿈은 복지국가 건설이다."[17] 박근혜는 박정희가 이루었던 것을 다시 이루고, 박정희가 미처 이루지 못했던 것을 마저 이루기 위해 정치에 참여했다고 말하고 있다.

이러한 박근혜의 태도에 대해 진보 인사들은 강한 어조로 비판한다. 고종석은《한겨레》칼럼에서 "아버지가 한 짓은 뭐든 잘한 일이라고 우겨대는 딸이 공화국 대통령이 되면 대한민국 시민들의 긍지는 심각한 손상을 입을 수밖에 없다"고 말했다.[18] 박정희 정권 시절 민주화운동을 했던 정치인들 역시 박근혜의 역사인식을 비판하며 유신 체제의 과오를 인정하라고 말한다. 박근혜와 같은 당인 새누리당의 김태호 의원마저 "박(근혜) 후보가 아버지 부분에 대해서는 너

---

17 2009년 10월 26일 박정희 전 대통령 30주기 추도식 때 한 말.
18 고종석, 〈박근혜가 대통령이 돼선 안 될 이유〉,《한겨레》, 2012.6.10.

무 집착하고 있는 것 같다"고 비판했다.[19]

박근혜가 박정희 딸이라서 돼!?

　박근혜의 정적들과 박근혜를 싫어하는 진보 지식인들은 박근혜가 독재자 박정희의 딸이며, 박정희의 과오를 인정하지 않고 오히려 박정희를 긍정한다는 이유로 박근혜가 대한민국의 지도자가 되면 안 된다고 주장한다. 그러나 많은 이들은 박근혜가 박정희의 딸이기 때문에, 박정희를 긍정하고 계승하기 때문에 박근혜를 지지한다.

　한국이 민주화되면서 박정희 시대에 대한 비판이 늘어났지만, 박정희 시대에 대한 지지와 향수도 이에 못지않다. '가장 존경하는 역대 대통령이 누구인가'라는 설문조사에서 박정희는 매번 1위를 차지한다. 2009년 1월 여론조사 전문기관 리서치앤러시치는 '가장 존경하는 역대 대통령이 누구인가'라는 조사를 실시했다. 응답자의 49%는 박정희, 18.3%는 김대중, 7.9%는 노무현을 찍었다. 박정희는 호남 지역을 제외한 전 지역에서 50%가 넘는 높은 지지를 받았다. 심지어 2009년 8월 김대중 전 대통령이 서거했을 때 여론조사 기관 리얼미터가 실시한 조사에서도 박정희가 1위를 차지했다. '국가 발전에 기여한 대통령은 누구인가'라는 질문에 응답자의 53.4%가 박정

19　김희원,〈[폴리인터뷰] 김태호 ① "박근혜, 아버지에 너무 집착"〉,《폴리뉴스》, 2012.7.27.

희를, 25.4%가 김대중을, 12.4%가 노무현을 꼽았다. 박정희는 남성, 여성 모두에서, 모든 세대에서 1위로 꼽혔다.[20] 박정희에 대한 향수가 이렇게 높은 상황에서 박근혜가 박정희를 옹호하고 따라할수록 박정희를 지지하는 사람들의 박근혜에 대한 지지도는 견고해진다. 박근혜가 아버지의 뜻을 이어 정치를 하겠다고 말할 때, 박근혜와 박정희는 오버랩되면서 박정희에 대한 지지는 박근혜에 대한 지지로 이어진다. 박정희를 지지하는 사람들이 높이 평가하는 박정희의 '추진력'과 '청렴결백'은 박근혜의 이미지에 덧씌워진다.

이러한 박정희에 대한 향수를 철지난 지도자에 대한 비합리적인 열광으로만 볼 수는 없다. 한국의 민중은 민주화를 이루었지만, 민주화가 먹고사는 문제를 해결해주지는 못했다. 외환위기가 터졌고, 외환위기를 잘 극복하나 싶었는데 외환위기 이후 도입된 신자유주의로 인해 양극화는 더욱 심해졌다. 먹고사는 문제를 해결하지 못한 민주화 세력의 무능함을 질타하고, 과거의 성공 사례이자 조국 근대화의 아버지인 박정희를 불러내는 목소리가 늘어나기 시작했다.

한국의 보수 세력은 정치인의 개혁에 대한 신념과 진정성보다는 능력을 더 선호한다. 그리고 그 능력이란 국가경제를 살려서 나의 삶을 조금이라도 나아지게 해주는 것이다. 변화보다는 안정을 원하는 것이다. 위대하고 강인한 지도자와 지도자 그룹이 나타나 경제를 살리고 국가를 안정적으로 운영하면, 국민들은 지금의 생활을 유지하

---

20 고성국, 〈박근혜의 사생활?… 네 개의 불가론과 그 해석〉, 《프레시안》, 2010.11.3.

면서 평화롭게 살아갈 수 있다. 그런 보수 세력에게 민주화를 외치는 진보 진영은 눈엣가시이다. 능력도 없으면서 개혁을 한답시고 국가를 분열과 혼란으로 만든 장본인이다. 보수언론은 진보적인 정권이라는 김대중, 노무현 정부가 개혁을 한답시고 나라를 혼란스럽게 만든다고 비난을 퍼부었다. 김대중, 노무현 정부가 경제를 살리지 못하자 보수 세력은 강력한 리더십을 지닌 지도자를 그리워하고, 그 지도자를 중심으로 위기를 타개해가자고 주장한다. 박정희의 재림이다.

외환위기 직후였던 1997년, 대통령 후보 이인제는 박정희 헤어스타일을 흉내 내며 박정희 향수를 자극했다. 박근혜가 이회창 한나라당 대통령 후보의 선거대책위원회 고문으로 위촉되며 정치에 컴백한 시기도 1997년이었다. 2007년 노무현 정부가 경제 문제를 해결하는 데 실패하자 박정희가 다시 등장했다. 이명박은 박정희처럼 선글라스를 끼고 다니며 박정희를 소환했다. 한반도 대운하 같은 토건사업으로(박정희의 경부고속도로 사업을 연상케 하는) 747(경제성장률 7%, 국민소득 4만 불, 세계 7위 경제 대국 건설)을 이루겠다고 나섰다. 이렇게 죽은 박정희가 살아 있는 민주·진보 세력을 때려잡을 때 박정희를 계승하는 박근혜의 지지율은 더욱 견고해진다.

박근혜가 결혼을 하지 않은 독신이라는 사실은 박근혜 앞에 붙는 '박정희의 딸'이라는 호칭을 더욱 자연스럽게 만든다. 보수적이고 가부장적인 한국의 풍토에서 만일 박근혜가 결혼을 했다면, 그녀는 '누군가의 아내' 혹은 '누군가의 어머니'로 기억되었을 것이다. 특히 박근혜가 유명한 이의 아내가 되었거나 유명한 이의 어머니였다면 더욱 그랬을 것이다. 하지만 박근혜는 결혼을 하지 않았고, 따라서 그녀는 영원히 '박정희의 딸'로 남을 수 있었다.

바로 이 지점에서 박근혜가 박정희의 딸이라는 비판의 세 번째 유형이 등장한다. 박근혜가 박정희의 딸이라는 비판의 첫 번째 유형은 박근혜가 박정희의 딸이기 때문에 유신에 대해 책임져야만 하며 대통령이 되면 안 된다는 주장이다. 두 번째 유형은 박근혜가 박정희의 딸이면서, 동시에 박정희를 옹호하고 계승하려 하기 때문에 대통령이 되면 안 된다는 주장이다. 세 번째 유형은 박근혜가 박정희의 딸이라는 것 말고는 어떤 자질이나 능력도 없기 때문에 대통령을 하면 안 된다는 주장이다. 철학자 김용옥은 정치인 박근혜에 대해 다음과 같이 말했다. "정치인 박근혜의 위상은 90% 이상이 아버지 박정희의 딸이라서 형성된 겁니다. 문제는 막강한 위세를 갖고 있으면서도 이 민족의 역사적 정의와 국민 복지에 꼭 필요한 정치행위를 안 했다는 것입니다. 선거 때 웃음으로 표 얻는 것 말고는 정치행위라고 할 만한 게 없잖아요. 박 후보는 아버지를 자기정체성에서 철저히 분리시키고 독자적 인간으로서 정치행위를 해야 합니다."[21] 이러한 유의 주장의 핵심은 박근혜는 오로지 박정희에 대한 향수와 후광으로 지지를 얻었다는 것이다. 하지만 과연 그럴까?

---

21 노형석, 〈안철수 현상은 고난에 빠진 민중의 처절한 소리〉, 《한겨레》, 2012.8.20.

박근혜의 힘은 풍부한 '경험'

박근혜에게 박정희가 오버랩되는 이유는 그녀가 단순히 박정희의 '생물학적인' 딸이기 때문이 아니다. 박정희에게는 아들 박지만이 있고, 딸 박근영도 있다. 박정희를 흉내 내려고 한 정치인은 꽤 여럿 있었다. 하지만 결국 박근혜만이 '박정희의 진정한 후계자', 즉 '박정희의 딸'이라는 호칭을 얻는다. 박정희의 후광이 오늘날의 박근혜를 만들었다면, 박정희의 인기를 자신의 인기로 만들어내려고 노력하는 정치인들에겐 왜 그 후광이 비치지 않는 걸까? 박정희의 향수 때문에 박근혜를 지지한다면, 왜 사람들은 다른 정치인들을 보고서는 박정희를 떠올리지 않는 걸까?

가장 강력한 힘은 박근혜의 '경험'이다. 박근혜에겐 '박정희와 함께' 국정을 운영한 경험이 있다. 육영수가 죽고 난 뒤 5년 동안의 '퍼스트레이디' 경험이 있다. 5년간의 퍼스트레이디 생활을 거치며 박근혜는 청와대의 권력 암투를 지켜보았다. 권력에 대해서는 볼 것 다 본 셈이다. 퍼스트레이디 시절 외국의 지도자들을 만나며 국제적인 인맥과 안목을 갖추었다는 평가도 받았다. 박근혜를 지지하는 사람들이 그녀를 '경험 있고' '능력 있는' 정치인으로 평가하는 이유는 단순히 박정희가 국정 경험이 있고 능력이 있기 때문이 아니다. 퍼스트레이디 시절을 겪으며 그녀는 실제로 누구보다도 풍부한 국정 경험을 쌓았고, 박근혜 지지자들은 이러한 박근혜의 경험을 국정을 잘 운영할 수 있는 '능력'과 연결시킨다. 박근혜 역시 이러한 사실을 어필

한다.

"한반도 평화는 우리만의 노력으로는 되지 않습니다. 미국, 중국, 일본, 러시아를 비롯해서 국제사회와의 협력이 중요합니다. 한미동맹을 부정하고 주한미군 철수를 외치는 야권연대 세력, 외교 무대에 경험 한 번 없는 사람들이 이 중요한 일을 해낼 수 있겠습니까? 저는 젊었을 때부터 세계의 정상들과 만나고 외교 무대에서 많은 경험을 쌓아왔습니다. 정치를 해오면서 세계의 많은 정상들과 네트워크를 만들었습니다. 그 바탕 위에서 복잡하고 다차원적인 북한 문제, 제대로 풀어내겠습니다. (…) 어렵고 험난한 길을 떠날 때는 위기를 극복해본 사람, 믿을 수 있는 사람의 안내가 필수적입니다. 저 박근혜, 젊은 시절부터 국가 위기를 극복하는 법을 가까이서 배웠습니다. 어떻게 하면 경제를 발전시키는지 어떻게 하면 치열한 국제 경쟁에서 살아남는지 직접 경험으로 보고 배우며 살아왔습니다. 또 정치를 시작한 이래 수많은 위기도 극복해왔습니다. 이제 저 박근혜, 위기의 서민경제 구해내겠습니다. 국민의 아픔 함께하겠습니다. 여러분의 힘을 모아주십시오."[22]

퍼스트레이디 시절의 '경험'은 박근혜는 '능력이 있다'는 이미지를 만들어낸다. 하지만 이미지가 다는 아니다. 박근혜는 퍼스트레이디 시절의 경험 때문에 조직과 단체를 운영하는 리더십이 뛰어날 것이

---

22 2012년 8월 10일 새누리당 대선 예비 후보 강원 지역 합동연설회 중.

라는 막연한 이미지와 기대를 현실로 만들었다. 노무현 정부 시절 2년 3개월간 한나라당 대표를 지내면서 5차례의 국회의원 보선과 지방선거에서 완승하며 선거의 여왕이라는 별명을 얻었다. 이 별명은 쉽게 얻어낸 것이 아니다. 박근혜는 선거철만 되면 손에 붕대를 감을 정도로 악수를 많이 한다고 알려져 있다. 2004년 탄핵 이후 절체절명의 위기에 빠진 한나라당을 구해낸 이도 박근혜였다. 지지율이 7%까지 떨어졌던 정당이 총선에서 120석을 얻게 만들었다. 이명박 정부의 지지도가 땅에 떨어지면서 모두가 야권이 승리할 것이라고 예측했던 2012년 4·11 총선도 승리로 이끌었다. 박근혜의 리더십과 능력은 이미지가 아니라 현실이다. 이는 박근혜 자신도 인정하는 사실이다.

"저에 대해서 스스로 말하기가 좀 그렇지만, 저는 누구보다도 풍부한 국정 경험을 쌓아왔다고 생각한다. 퍼스트레이디 5년과 국회의원 3선(15, 16, 17대)과 가장 힘들다는 야당 대표를 2년 넘게 지내면서, 몰락 직전의 당을 수권정당으로 만들어놓았다. 그리고 누구보다 충분히 검증을 받아왔다. 야당 대표 2년 3개월 동안 여권의 온갖 공격과 공작을 이겨냈기 때문에 어떤 네거티브 공격에도 자신 있다."[23]

---

23 〈박근혜 "나는 보수 아닌 중도다"〉, 《뷰스앤뉴스》, 2007.3.15.

흐트러짐 없는 자기관리와 강인함

박근혜는 그녀에게 씌워진 '강인한 지도자' 박정희의 이미지를 현실로 만들었다. 박근혜를 좋아하는 사람들은 그의 엄청난 '자기관리'를 강조한다. 그녀는 철두철미한 체력 관리, 몸 관리로 유명하다. 오죽하면 강용석이 '박근혜는 섹시하다'라는 글까지 썼겠는가. "우선 그녀는 섹시하다. 진작부터 두둑해진 뱃살에 쳐다볼수록 대책이 없다고 느끼는 아들 둘까지 첨부하고 있는 유부남의 입장에서 군살 하나 없이 날씬한 몸매에 애도 없는 처녀인 박근혜에 대해 섹시하다는 표현만큼 적당한 말을 찾기 어렵다. 더군다나 10년 넘게 해왔다는 단전호흡하는 사진을 보라! 나뿐 아니라 많은 유부남들(늙거나 젊거나를 막론하고)이 박근혜의 물구나무 선 모습, 완벽한 아치 모양의 허리에 감탄을 금치 못했을 것이다."[24] 박근혜는 또한 머리카락 한 올 흐트러짐 없기로도 유명하다. 그녀는 몇 시간 동안 변함없이 단정한 자세로 앉아 있는다. 박근혜의 측근인 새누리당 최고위원은 "본인 혼자만 있는 경우라면 몰라도 주변에 참모가 한 명이라도 있다면 결코 흐트러진 모습을 보이지 않고 늘 꼿꼿했다"고 말했다. 박근혜의 이러한 변함없는 모습, 흐트러짐 없는 모습은 사람들에게 심리적인 안정감을 준다. 박근혜 지지자들은 이러한 안정감 때문에 박근혜를 좋아한다. 박근혜의 이러한 면모는 어머니 육영수의 모습을 그대로 배워온 것

---

24 강용석, 2005년 '한나라 칼럼' 코너에 올린 〈섹시한 박근혜〉 중 일부.

이라고 할 수 있다.

"여사는 남편 앞에서는 남 앞에 나서는 것처럼 옷맵시에 마음을 쓰고, 몸
가짐을 조심히 했다. 맨발을 보인 적도 없다. 이것이 남편에게 심리적 안
정감을 준다고 믿었다. 육 여사는 어렸을 적부터 틈이 있으면 수틀을 내
놓고 자수를 놓았으나 남이 있거나 없거나 옷매무새를 흩트리는 일이 없
었다. 재봉틀을 돌릴 때도 한쪽 다리를 꼿꼿하게 세우고 옷매무새를 바
로잡아 치맛자락이 함부로 구겨지는 일이 없었다. 또한 부모님 앞이건
조카들 앞이건 손님 앞이건, 앉을 때는 항상 한쪽 다리를 세워 왼손이 위
로 가도록 가볍게 오른손을 잡고 가슴에 양손을 모아 처녀다운 단정한
자세를 보여주었다. 교동집에서 줄곧 심부름을 하던 부엌어멈이나 하인
들도 어머니가 머리를 감겨주던 아주 어릴 적 외에는 머리를 감으려고
흐트러진 작은아씨(교동집에서는 육 여사를 이렇게 불렀다)의 모습을 본 일이
없었던 것이다. 이것은 어떤 경우에도 남 앞에서 흐트러진 자태를 보이
지 않으려는 육 여사의 단정한 성품의 일면을 말해주는 것이라 할 수 있
다." [25]

2007년 이명박과의 한나라당 대선 후보 경선 때였다. 이명박이 간
발의 차이로 박근혜를 누르고 한나라당 대선 후보로 선출되었다. 카
메라는 다분히 의도적으로 경선에서 패한 박근혜의 표정을 클로즈

25 박근혜, 《나의 어머니 육영수》, 사람과사람, 2000.

업했다. 그러나 카메라의 작전은 실패로 끝났다. 박근혜는 도저히 생각을 읽을 수 없는 표정을 하고 있었다. 그녀의 표정에서 패배로 인한 상실감이나 굴욕감은 전혀 읽을 수 없었다. 애써 패배감을 감추기 위한 기색도 보이지 않았다. 다른 정치인들에게서 보기 힘든 포커페이스였다. 박근혜의 대단한 감정 관리는 2006년 지방선거 지원 유세 때 다시 한 번 빛을 발했다. 어떤 남성이 커터 칼로 박근혜의 안면을 그었다. 테러를 당한 박근혜가 병원에 실려 가면서 한 말은 아프다는 비명이나 얼른 치료해달라는 요청이 아니라, "대전은요?"였다.(박근혜의 다음 유세 예정지가 대전이었다.) 이 정도면 〈개그콘서트〉에서 유행하는 "사람이 아니므이다"라는 말이 떠오를 정도다. "이성으로써 자기 자신의 감정을 완전히 지배할 수 있는 사람. 지배된 자신을 지혜의 옷을 입혀 언행으로 옮길 수 있는 사람."(1982년 6월 3일 일기) 이처럼 박근혜는 그녀의 지지자들에게 박정희가 보여주었던 강인한 지도자의 모습과 리더십을 다시 보여주었다.

박근혜를 키운 건 박근혜다!?

몇 가지 여론조사는 박근혜가 단순히 박정희에 대한 향수와 후광으로 지지를 얻은 것이 아니라는 사실을 보여준다. 한국갤럽이 2006년 말 내놓은 '정치의식 조사보고서'에 따르면 박근혜를 지지하는 사람들이 밝힌 지지 이유는 '그동안 잘해서(10.7%)-국민화합/안정 기대(8.4%)-리더십(8.4%)-경력 좋다/경험 많다(7.1%)' 등이다. 이 중 '경력이 좋다/경험이 많다'라는 항목은 2006년 중반까지만 해도 절대적인 1위를(16.9%) 차지했다. '그동안 잘해서'라는 응답은 4.5%에 지나지 않았다. '경력이 좋다/경험이 많다'는 응답의 비율이 줄어들고, '그동안 잘해서'라는 비율이 늘어난 것이다. '경력이 좋다/경험이 많다'라는 항목은 퍼스트레이디 시절의 경험을 비롯한 과거의 정치적 경륜에 대한 사람들의 기대로 해석할 수 있다. 이 항목의 비중이 줄어들고 '그동안 잘해서'라는 항목의 비중이 늘어난 것은 박근혜가 단순히 박정희의 후광으로 지지를 받는 것이 아니라는 사실을 보여준다.[26]

정한울 EAI 여론분석센터 부소장은 박근혜의 2002년 지지기반과 2007년 지지기반을 비교하며 박근혜가 단순히 박정희의 후광만으로 정치판에서 살아남은 게 아니라고 주장한다. 2002년 4월 EAI 여론분석센터 조사 결과에 따르면, 2002년 한나라당을 탈당한 박근혜는 이회창, 노무현과 3자 대결 구도 하에서 평균 12.3%의 지지를 받았다. 여성(14.7%), 20대(16.6%), 고졸(13.6%), 대졸(12.6%), 대전·충청(21.2%), 강원(21.1%), 무당파(15.5)에서 평균 지지율을 상회했다. 박정희의 전통적인 지지층은 영남-보수-고연령-저학력으로 알려져 있다. 그런데 2002년만 해도 박근혜는 20대-고학력-대전·충청-강원

---

26 임도경, 〈[임도경의 대선주자 집중탐구] '바른생활소녀'의 야무진 야망 진정 '鐵의 여인'이고 싶어라!〉, 《월간중앙》, 2007년 5월호.

에서 높은 지지를 받았다. 또한 2004년 한나라당에서 당대표를 추대할 때만 해도, 박근혜가 수도권에서 경쟁력이 있다는 이야기가 나왔다. 2012년 총선을 통해 박근혜가 수도권과 20대에게 인기가 없다는 사실이 밝혀진 것과는 사뭇 다른 모습이다.

그러나 2007년으로 가면 상황은 확 바뀐다. 2007년 8월 EAI 여론분석센터 조사에 따르면 박근혜는 평균 25.8%의 지지를 받았다. 여성(30.2%), 50대 이상(33.2%), 대구·경북(43.0%), 충청(34.2%), 부산·울산. 경남(32.8%), 보수층(30.8%)에서 평균 지지율이 상회했다. 박정희의 후광이 오늘날의 박근혜를 만들었다면 박정희의 고정적인 지지층은 왜 2002년에는 박근혜를 지지하지 않았을까? 정한울은 이에 대해 "보수, 영남 중심의 강한 지지층 결집은 2004년 탄핵 이후 당대표로서 당의 위기를 추스르고 당시 참여정부와의 국가정체성 투쟁 과정(국가보안법 투쟁 등)을 주도한 박근혜의 정치 행보와 결부시켜 이해하는 것이 타당하다"고 말한다.[27]

이처럼 박근혜는 박정희에 대한 향수와 후광을 넘어서서 자신에 대한 지지를 확보했다. 이런 의미에서 박근혜는 단순히 박정희의 '생물학적인' 딸이 아니다. 박근혜는 박정희에 대한 향수와 박정희의 후광의 원천이 무엇인지 정확히 파악하여 이를 자신에 대한 지지로 만든 박정희의 '사회학적인' 딸이다.

따라서 박근혜가 박정희에 '갇히는' 모습을 보여주면 박근혜는 자

---

27 정한울, 〈여론을 통해 본 박근혜의 강점과 딜레마〉, 《박근혜 현상》, 위즈덤하우스, 2010.

신에 대한 지지를 확장할 수 없으며 오히려 자신에 대한 지지를 잃을 수도 있다. 2012년 7월 16일에 있었던 5·16 옹호 발언이 대표적이다. 박근혜가 5·16 쿠데타가 최선의 선택이었다고 말하자, 각계각층에서 비판이 쏟아졌다. 그러자 박근혜는 국민의 52.5%가 박근혜의 말에 공감한다는 《오마이뉴스》 여론조사를 인용하며 절반이 넘는 국민이 자신의 말에 공감하고 있는데 뭐가 문제냐고 반문했다. 하지만 다른 여론조사에서는 다른 결과가 나왔다. 한국갤럽 조사에서는 공감이 42%, 비공감이 46%였다. 《한겨레》와 한국사회연구소 조사에서는 응답자의 49.9%가 박근혜의 주장에 "동의하지 않는다"고 답했고 "동의 한다"는 응답은 37.2%에 그쳤다.

더 놀라운 사실은 박근혜의 5·16 발언 이후 박근혜에 대한 지지율이 떨어졌다는 것이다. 여론조사 전문기관 리얼미터의 조사에 따르면, 박근혜의 지지율은 문제의 발언이 있던 16일을 전후로 4.5% 하락했다. '5·16 발언' 전인 2012년 7월 13일 박근혜의 지지율은 41.2%였으나 17일에는 36.7%로 지지율이 하락했다.(13일 41.2%, 16일 39.5%, 17일 36.7%) 박근혜의 지지율은 당시 4개월 가까이 40%를 유지하고 있었고, 그녀의 지지율이 30%대로 떨어진 것은 14주 만의 일이다.[28] 물론 이 여론조사 결과가 사실이 아닐 수도 있다. 하지만 박근혜의 5·16 발언에 국민의 절반 이상이 공감하지 않는다면, 그들은 언제든 지지 후보를 바꿀 수도 있다. 그리고 국민의 절반 이상을

---

28 김완, 〈박근혜 '5·16은 최선' 발언 이후 지지율 급락세〉, 《미디어스》, 2012.7.18.

공감하지 못하게 했던 발언은 바로 박정희를 전적으로 옹호하는 모습이었다. 박근혜가 박정희의 울타리에 갇혀 새로운 무언가를 보여주지 못한다면 박근혜의 지지율은 떨어질 수도 있다.

진보 진영은 박근혜가 박정희의 후광과 향수를 먹고 자란 정치인이라고 말한다. 맞다. 박근혜를 키운 건 8할이 박정희다. 하지만 나머지 2할은 박근혜 스스로 채웠다. 박근혜에게는 박정희 너머의 무언가가 있다. 보수는 박정희의 딸이면서 동시에 자신의 능력으로 제2의 박정희로 거듭나고, 더 나아가 보수의 지지를 넘어 자신에 대한 지지를 확장할 수 있는 박근혜에게 열광한다. 박근혜는 자신의 태생적 강점을 자신의 능력으로 만들어냈다. 박근혜에겐 박정희 말고 또 다른 태생적 강점이 있다. 바로 박근혜가 여성이라는 것이다.

박근혜는 여성이다?

여론조사 전문기관 한국갤럽이 박근혜 지지자들에게 박근혜를 지지하는 이유를 주관식으로 물었다. '여성 대통령이 나올 때가 됐다' 또는 '여성이기 때문이다'라는 응답이 17.5%로 가장 많았다. '아버지(박정희)가 훌륭하기 때문에 좋은 영향을 받았을 것(10.5%)'이라는 응답을 제쳤다. 박근혜를 대통령으로 미는 많은 이들이 '여성' 박근혜를 강조한다. 그러면서 박근혜가 갈등과 대립을 일삼는 남성들의 정치를 끝내고 화합과 포용의 리더십을 보여줄 것이라고 주장한다.

여성 대통령이 이렇게 좋은 의미로 평가받다니, 10년 전만 해도 상상하기 힘든 풍경이다. 약 10여 년 전, 박근혜는 한나라당을 탈당하면서 이회창, 노무현에 이어 제3후보로 떠오른 적이 있었다. 《한겨레》기자 출신이자 월간 《프리미어》편집장이던 최보은이 박근혜 지지를 선언하며 여성주의자와 진보 진영 내에서 논쟁이 벌어졌다. 그때 최보은은 박근혜가 한 명의 정치인으로 취급받지 못하고 언론과 정치권으로부터 차별을 받고 있다며 온갖 학연·지연·혈연으로 무장한 남성 정치인에 맞서 여성들도 힘을 합쳐 박근혜의 편이 되어야 한다고 주장했다.[29] (주)서울포럼 대표였던 김진애는 박근혜에게 박정희의 꼬리표를 붙이며 평가 절하하는 행위가 여자를 사소한 존재, 누군가의 들러리로 만들고 싶은 심리의 표출이라고 꼬집었다.[30] 10년 전 여성 대통령 박근혜를 지지했던 그들은 지금은 어떤 생각을 하고 있을까? 당시 비주류 정치인이었던 박근혜는 지금 대한민국 중심에 서 있다.

2007년 대통령 후보로 출마했을 때도 박근혜는 '여성이라서' 안 된다는 논리에 시달렸다. 언론과 정치권이 떠들던 '박근혜 불가론' 중 첫째는 그녀가 여성이라는 것이었다. 물론 언론과 정치권은 대놓고 '여성이라서 안 된다'는 주장을 하지는 못했다. 하지만 보수적인 한국 사회의 풍토에서 아직 여성 대통령은 무리라며, 남성들은 물론 여성들도 여성이라는 이유로 박근혜를 찍지 않을 것이라고 말했다. 한나라당 경선에서 결국 박근혜가 이명박에게 1.5% 차이로 패하자 보수 언론들은 박근혜의 패배를 당시의 북핵 위기와 연결시키며 북핵 위기 같은 안보 사안이 여성 리더십에 대한 불안감으로 이어졌다고 보도했다.[31] 이상이 복지국가소사이어티 대표도 박근혜 지지의 확산성을 막는 요인 중 하나로 안보 불안을 제기했다. "세 번째 제동 요인은 남북 대치에서 비롯된 한반도의 안보 불안이다. 가부장적인 한국 사회에서 여성 군 통수권자에 대한 불안이 없을 리 없다. 선거에서 이런 문제가 부각된다면 박 전 대표에게 플러스가 되기보다는 마이너스가 될 가능성이 크다. 이런 점은 아무래도 표의 확산성을 막는 장

29 박형숙, 〈박근혜가 출마하면 나는 그를 찍겠다〉, 《월간 말》, 2002년 3월호.
30 김진애, 〈한국의 여성 대통령, 나온다·찍는다·된다?〉, 《월간 말》, 2002년 5월호.
31 송국건, 〈박근혜 대세론이냐 안철수 마케팅이냐〉, 《신동아》, 2012년 2월호.

애물이 아닐까?"[32]

2002년과 2007년에 비해 상황은 많이 변했다. 이제 사람들은 박근혜가 '여성이기 때문에' 지지한다고 말한다. 사람들은 왜 '여성' 박근혜를 지지하는 걸까? 보수적이고 가부장적인 한국 사회에서 박근혜가 먹혀드는 이유는 무엇일까?

박근혜 = 육영수?

2002년 여성주의자가 박근혜를 지지하는 문제를 둘러싸고 논쟁이 벌어졌을 때 여성학자 조순경은 여성이라는 이유로 박근혜를 찍을 수는 없다고 말했다. 그녀는 모든 여성이 태생적으로 소수자는 아니며, 소수자로서의 의식은 저절로 생기는 게 아니라 자신을 거부하는 환경과의 싸움에서 힘겹게 만들어지는 것이라 주장했다. 그리고 이어 박근혜에겐 이 힘겨운 싸움과 성찰, 소수자로서의 의식이 없다고 결론지었다. 그에 따르면, 박근혜는 가부장적이고 보수적인 박정희 시대 덕분에 자신의 영향력을 키웠으며, 그 박정희 시대를 추모하고 계승하려는 인물이다. 박근혜에겐 가족과 국가를 위해 여성의 권리를 헌신짝처럼 내버렸던 박정희 시대에 대한 성찰이 없다.

---

32 강양구, 〈2012년 제18대 대한민국 대통령은 '박근혜'!?〉, 《프레시안》, 2011.1.13.

"나는 박근혜 씨에게서 어떠한 성찰성도 발견할 수 없다. 나는 박근혜 씨가 단순히 독재자의 딸이기 때문에 반대하는 것은 아니다. 우리들의 아버지는 독재자일 수도 있고 성폭력범일 수도 있다. 딸에게 아버지의 범죄행위에 대한 책임을 물을 수 없다. 그러나 그러한 아버지에 대한 성찰은 가능하다. 그 아버지에 대한 일고의 반성도 없이 오히려 그 아버지를 추모하고 그의 길을 따르겠다고 하는 딸에게서 우리는 그의 아버지와는 다른 어떠한 모습도 찾아볼 수 없다. 나는 단순히 박근혜 씨가 아버지의 후광을 업고 나왔다는 사실을 문제 삼는 것이 아니다. 그가 독재자 아버지의 '후광'을 한 점의 부끄러움도 없이 적극적으로 이용하고 있다는 사실을 문제 삼는 것이다.

박정희에게 '민주주의'라는 언어는 권력을 얻기 위해 필요할 때 사용하는 말이었으며 여성의 권리는 가부장적 가족과 국가를 위해서라면 언제라도 뒷전에 밀려나야 하는 것이었다. 여성의 몸을 '달러 버는 기계'로 만드는 '기생관광'도, 기본적인 권리를 찾고자 했던 여성들에 대한 잔혹한 성고문도, 하루 20시간의 노동을 견딜 수 없다고 저항하는 10대 여성들에 대한 무차별적 폭력도 국가 경제를 위해서는 필요하다고 보는 그러한 박정희의 정치관에 대해 일말의 성찰도 없는 박근혜 씨에게서 우리는 '여성'의 모습을 찾을 수 없다."[33]

조순경의 말처럼 박근혜는 가부장적인 박정희 시대의 유산이자

---

33 조순경, 〈아무 말이나 해도 되는 '용기'를 어디서 얻었을까?〉, 《여성신문》, 2002.5.10.

그 계승자이다. 그녀는 국가와 가족을 위해서 여성의 희생과 의무를 당연시했던 시대의 유산으로, 가부장적인 시대의 '여성'을 대변한다. 가부장적인 사회에서 여성은 훌륭한 어머니, 훌륭한 아내의 역할을 담당한다. 그런 의미에서 박근혜의 어머니 육영수는 가부장적인 대한민국 사회가 바라는 가장 훌륭한 여성상이다. 박정희에게는 내조를 잘한 좋은 아내, 박근혜에게는 자식 교육을 잘 시킨 훌륭한 어머니이다.

1970년 10월 15일 육영수가 중앙대학교에서 강연을 했는데, 한 학생이 '내조'가 무엇인지 물었다. 그러자 육영수는 다음과 같이 대답한다. "내 행동에서 이것이 내조라고 자각해본 적은 없어요. 다만 옛날부터 내려오는 아내의 본분에 더해서 창의적인 지혜를 발휘하고 민주 방식의 교육을 알고 남편과 더불어 대화를 찾는 것이 내조의 올바른 방법이 아닌가 생각해요." 육영수는 옛날부터 내려오는 전통적인 아내의 본분에 더해 '민주 방식', '창의적인 지혜', '남편과의 대화'를 강조한다. 하지만 기본적으로 육영수는 '옛날부터 내려오는 아내의 본분'에 더욱 충실한 사람이었다. 박근혜는 자신의 어머니를 추억하며 다음과 같이 말한다.

"여성이 창의적인 지혜를 발휘하고, 민주적인 방식으로 남편과 더불어 대화를 나누려면 공부하고, 세상의 움직임을 파악해야 합니다. 그러나 가정에서의 여성 역할 중 가장 중요한 것은 자녀 키우기라는 것에 어머니의 결론은 일치했습니다. 우리나라 여성들의 지위도 보다 많이 향상되어

박근혜의 육영수 관련 발언들

"어머니 돌아가심을, 그 유업을 헛되이 않는 것이 바로 나의 과업이다."

1974년 9월 18일 일기

"어머니가 쓰신 '나의 조각된 신념'을 읽었다. 내가 요즈음 앞으로 이 무거운 책임을 어떻게 다 할 수 있을까 하고 걱정걱정하던 끝에 떠오른 신념의 실마리와 어머니의 생각이 너무나 같다는 데 놀랐다. (…) 살아생전이나 돌아가신 후에나 어머니는 나의 위대한 스승이다."

1974년 10월 5일 일기

"어머니를 잃고 적막감이 도는 청와대 안에 온기를 불어넣고, 국민의 사랑을 한 몸에 받았던 어머니의 역할을 대신하는 것이 스물두 살 나에게 주어진 숙명이었다. 나는 지난 시절을 접고 철저하게 퍼스트레이디로서의 삶을 살아가기로 다짐했다."

박근혜, 《절망은 나를 단련시키고 희망은 나를 움직인다》

"더 큰 책임감이 어깨를 내리누르는 것 같았다. 문득 돌아가신 어머니의 얼굴이 떠올랐다. 왜 어머니가 밤낮을 가리지 않고 봉사활동에 매달리셨는지 알 것 같았다. 퍼스트레이디가 되신 어머니는 아버지의 그림자가 되어 우리 사회의 그늘진 곳에 각별한 애정과 관심을 쏟았다."

박근혜, 《절망은 나를 단련시키고 희망은 나를 움직인다》

"평생 가난하고 어려운 이웃을 돌보시다 갑자기 돌아가신 어머니의 삶을 대신해 어려운 이웃을 도우며 살았다."

2007년 대선출마선언 중

"어머니가 흉탄에 돌아가신 후 견딜 수 없는 고통과 어려움 속에서도 그 힘든 시간을 이겨낼 수 있었던 것은 어머니의 빈자리에 대한 책임감과 사명감 때문이었다."

2012년 대선출마선언 중

야 하겠지만 그보다 앞서 한 가정의 높고 깊은 사랑을 토대로 하는 지혜로운 어머니의 힘으로 자녀를 키우는 것이 무엇보다 중요하다는 것입니다. 미래의 희망인 우리의 아이들을 우수한 국민으로 만들고, 복된 나라를 물려줄 수 있는 어머니로서의 책임을 다할 때의 모습이 자녀들의 성격과 인격 조성의 근본이 되며 생활의 지표가 되므로 자녀 키우기에 대한 어머니들의 자각이 급선무라고 강조하였습니다."[34]

그러나 육영수는 단순히 박근혜의 '어머니', 한 가정의 어머니가 아니다. 육영수는 대한민국의 '어머니(國母)'였다. 박근혜는 육영수의 이러한 두 가지 역할에 대해 다음과 같이 말한다.

"아버지와 결혼하여 군인의 아내로 지내던 시절, 어머니의 머리를 온통 채웠던 것은 박봉의 군인 아내로서 어떻게 하면 알뜰하게 살림을 꾸리고 아이들을 잘 키우며, 남편이 가정에 대한 걱정 없이 밖에서의 일을 잘하도록 내조를 할까 하는 것이었습니다. 그러다 퍼스트레이디라는 힘겨운 일을 맡게 되었습니다. 가정을 지키는 것에 더하여 대통령인 남편의 내조자로서 막중하게 주어진 공적인 역할도 감당해야 했습니다. 저는 어머니가 한 가정의 주부로서, 또 대통령 내조자로서 해야 했던 두 가지 역할을 잘 수행했다고 믿습니다. 바쁜 일상 중에서도 가족들에 대한 따뜻한 배려를 잊지 않았고, 국민의 소리에 늘 귀 기울이며 국민의 실정을 대통

---

34 박근혜,《나의 어머니 육영수》, 사람과사람, 2000.

령에게 알리는가 하면, 언제나 아버지 곁에서는 당당한 보조자이고 훌륭한 동반자였습니다."[35]

육영수는 아프고 힘든 국민들을 찾아가 손을 어루만지고 안아주면서 '국민의 어머니' 역할을 했다. 박근혜는 어머니가 탁상행정을 싫어해서 현장을 직접 돌아다녔다고 말한다. 나병 환자들이 있는 곳에도 서슴지 않고 들어가 그들을 어루만지며 껴안아주었고, 국민들이 보낸 편지 한 통 한 통을 직접 읽으며 그들의 삶에 대해 고민했다고 말한다. 아버지 박정희가 자신의 신념에 따라 정책을 밀어붙이면, 어머니 육영수는 이에 대해 국민 여론이 어떤지, 언론의 반응이 어떤지 이야기하며 청와대 안의 '야당' 역할을 했다고 한다. 엄한 아버지 밑에서 힘들어하는 아이를 달래며 아이의 투정을 들어주고, 가끔은 아버지를 말리는 자애로운 어머니 역할을 맡은 셈이다.

육영수가 실제로 좋은 아내였고 어머니였는지, 또 국민들을 정말로 사랑했는지는 알 길이 없다. 중요한 것은 적어도 박근혜는 그렇게 생각하고, 그런 어머니를 본받으려고 한다는 점이다. 박근혜는 육영수의 빈자리를 자신이 대신해야 한다는 사명감으로 가득 차 있었고, 그것이 오늘날의 자신을 만들었다고 생각한다.

박근혜를 지지하는 사람들 역시 박근혜에게서 육영수를 발견한다. 박정희 시대를 겪었던 어르신들은 박근혜가 나타나면 육영수 여사를

---

35 박근혜, 《나의 어머니 육영수》, 사람과사람, 2000.

꼭 닮았다며 눈물을 훔치곤 한다. 박근혜는 늘 육영수를 연상케 하는 헤어스타일을 유지한다. 하지만 박근혜가 육영수의 외모와 이미지만으로 육영수로 재탄생한 것은 아니다. 실제로 박근혜는 육영수를 대신한 삶을 살았다. 청와대에서 5년 동안 퍼스트레이디의 삶을 살았다. 또한 박근혜는 육영수가 그랬던 것처럼 정부에서 하는 일 가운데 잘못된 것을 박정희에게 건의하는 역할을 맡았다. 그녀는 부가가치세 도입에 대한 부정적 여론, 김영삼 신민당 총재에 대한 직무집행정지 가처분 및 의원직 제명이 잘못되었다는 의견을 박정희에게 전달했다.[36]

박근혜가 '육영수의 딸'이라는 장점은 그녀가 '박정희의 딸'이라는 장점보다 더 강력할지도 모른다. 박정희는 공과에 대해 찬반 논란이 심한 인물이다. 하지만 육영수에 대해서는 찬반이나 호불호 논란이랄 게 없다. 독재의 직접적인 통치자가 아니라고 생각해서인지, 박정희를 쏘려던 암살범의 총에 맞고 비극적인 죽음을 맞이해서인지, 육영수에 대해선 논란이 없다. 그녀는 많은 조사에서 바람직한 영부인상 1위를 차지했다. 또한 박근혜가 충청권에서 강한 지지를 받는 이유 중 하나도 육영수의 고향이 충북 옥천이기 때문이다. 심지어 지난 2007년 대통합민주신당 소속의 옥천군수가 박근혜가 참석한 '고 육영수 여사 탄생 82주년 숭모제 및 기념식' 자리에서 "고 육영수 여사

---

36   성한용, 〈감정 절제된 수직 리더십, 불만 땐 '레이저 광선'〉, 《한겨레》, 2011.8.11.

육영수는 정말 좋은 사람이었을까?

영부인 육영수는 비판 대상이 아니다. 진보 진영과 민주화 세력은 박정희는 강하게 비판해도, 육영수는 잘 비판하지 않는다. 하지만 육영수에 대한 비판이 아예 없는 것은 아니다. 육영수 역시 박정희 정권 시기 특혜를 누리던 사람에 불과하다는 비판이 있다. 진보 지식인 손석춘은 다음과 같이 육영수를 비판했다.

"육영수를 박근혜와 연관을 지어 바라보는 따뜻한 시선도 선뜻 수긍하기 어렵다. 군사쿠데타로 집권해 무소불위의 권력을 휘두르던 박정희의 아내로서 육영수는 김대중—노무현의 아내와는 비교할 수 없을 만큼 특혜를 누렸다. 생각해보라. 노무현의 아내 권양숙이 청와대에 있을 때 자신과 남편의 이름을 딴 교육 사업이나 장학 사업은 물론, 천문학적 규모의 재단을 설립해갔다면 어떻게 되었을까? 박정희와 육영수는 그렇게 했다. 두 사람의 이름에서 따온 '정수장학회'나 '정영사' 따위는 이름부터 반민주적이고 역겹다."[37]

---

[37] 손석춘, 〈두 얼굴의 박근혜⋯ 그는 '괴물'인가, '희망'인가?〉, 《프레시안》, 2011.6.10.

의 따님이 대통령이 됐으면 한다"고 말해 논란이 된 적도 있다.[38]

박근혜 = 육영수 + 박정희!

박근혜는 육영수의 이미지를 차용해 가부장적이고 보수적인 한국 사회에 걸맞은 여성으로 재탄생했다. 하지만 육영수는 말 그대로 퍼스트레이디다. 박근혜가 퍼스트레이디를 넘어 '대통령'으로 나아갈 수 있을까? 남자 대통령을 바라는 보수적인 남성/여성들이 아직도 인구의 상당한 비율을 차지하는 한국에서 여성이라는 약점을 박근혜가 극복할 수 있을까.

바로 이 지점에서 '박정희'가 다시 나타난다. 아버지 박정희의 후광은 박근혜가 여성이라는 사실을 흐릿하게 만들어준다. 보수 세력이 여성 대통령이라는 말에 고개를 갸우뚱하는 가장 큰 이유는 '안보'이다. 앞에서도 언급했듯이 보수언론은 2007년 한나라당 경선에서 북핵 위기 같은 안보 이슈가 남성인 이명박을 승리하게 만들었다고 진단했다. 안보 이슈에서 남자 대통령이 우위를 점할 수밖에 없다는 것이다. 이런 생각을 대변이라도 하듯 새누리당 이재오 의원은 "여성 리더십이 시기상조"라는 말을 했다. 이재오 의원은 2012년 6월 19일 외신기자클럽 초청 기자회견에서 "나라가 통일돼 평화로워

---

38 장정삼, 〈옥천군수 "박근혜 전 대표 대통령 됐으면" 발언 파문〉, 《뉴시스》, 2007.11.29.

진 후라면 몰라도 아직은 (여성 대통령의) 시기가 이르다"며 "분단 현실을 체험하지 않고 국방을 경험하지 않는 상태에서 단순히 여성이라는 이유로 리더십을 갖기에는 어려움이 있다"고 말했다.[39] 박근혜의 측근으로, '박근혜의 입'이라 불리는 이정현 의원이 이재오의 발언에 대해 가장 적절한 반격을 했다.

> "요즘이 어떤 세상인데 알통과 근육만 믿고 이렇게 말씀하시면 여성분들한테 혼나시죠."
> "안보만 해도 그래요. 체험적인 측면만 하더라도 박근혜 위원장 같은 경우는 자기 아버지 다시 말하면 고 박정희 대통령 목을 따겠다고 무장공비들이 청와대 코앞에까지 쳐들어온 것도 체험한 사람입니다. 또 북한에서 보낸 그러한 사람에 의해서 어머니를 잃은 사람입니다. 이보다 더한 체험이 있을 수 있겠어요? 그럼에도 불구하고 2002년도에는 한반도 평화 정착에 나름대로 기여하고 또 그러한 것을 제대로 알기 위해서 북한에 가서 김정일 위원장을 만나서 한 번 더 평화 정책에 관해서 나름대로 회담을 하고 오신 분이거든요. 이런 분한테 육군 병장인가 상병으로 군대 다녀온 그거 하나 가지고 국방에 대한 그러한 자격이 있네 없네 논한다고 하는 것은 사실 좀 적절하지는 않다고 봅니다."
> "그 양반이 27살 처녀 때 심야에 잠을 자고 있는데 청와대 비서실장이 와

---

39 최재혁, 〈'여성 리더십은 시기상조' 거론한 이재오 향해, 박근혜 "21세기에도 그런 생각을…"〉, 《조선일보》, 2012.6.20.

서 깨워서 '지금 아버지가 돌아가셨다' 했는데 바로 입에서 튀어나온 말
이 '지금 휴전선은 어때요?' 전방이 어떠냐고 안위를 물을 정도로 뼛속
에, 핏속에 DNA처럼 국가나 안보나, 이런 부분에 대해서 이렇게 생각을
하고 있는 이런 양반한테 그런 얘기를 한다? 그건 아니라는 거죠."**40**

이정현 의원의 말대로, 박근혜는 다른 여성들이 하기 힘든 '안보
체험'을 했다. 군대 다녀온 남자들 정도는 상대도 안 될 '안보 체험'
이다. 북한과의 대치가 가장 심했을 시절, 안보가 제일 중요했던 때
청와대에 있었다. 그것도 퍼스트레이디로. 미필인 이명박과 비교하
면 안보에 대한 감각이 훨씬 뛰어날지 모른다. 안보 이슈 때문에 이
명박한테 졌다는 일부 언론의 분석이 의심스러울 정도이다.

따라서 안보 이슈와 남성성에 대한 강조로 박근혜에 대한 지지를
빼앗으려는 시도는 웬만해서는 잘 먹히지 않는다. 민주통합당의 문
재인 후보가 대표적인 사례다. 어떤 이들은 문재인이 박근혜의 강력
한 경쟁자가 될 수 있는 이유로, 그가 박근혜를 지지하는 보수층 중
장년 남성의 표를 끌어올 수 있다는 점을 들었다. 문재인의 특전사
사진 같은 '강한 남자' 이미지가 보수적인 중장년 남성들에게 잘 먹
혀들 수 있다는 것이다. 실제로 대선 출마를 선언한 문재인 캠프는
문재인의 남성성을 강조했다. 여성 대통령, 여성적인 리더십을 내세
우는 박근혜와 대척점을 형성한 것처럼 보였다. 문재인은 '강한 대한

---

40   윤지나, 〈이정현, "이재오, 죽은 아버지 말고 산 박근혜와 붙어라"〉, 《노컷뉴스》, 2012.6.20.

민국', '대한민국 남자'라는 슬로건을 내걸었다(여론의 시원찮은 반응으로 문재인 캠프는 이 슬로건을 포기했다). 출마 홍보물에는 특전사 사진을 내걸고, 유도선수를 업어치기 하는 퍼포먼스 등을 통해 남성성을 한껏 뽐냈다.

이런 퍼포먼스와 남성성 뽐내기로 박근혜의 표를 빼앗아올 수 있을 거라 생각했다면 문재인 캠프는 유권자를 바보 취급한 셈이다. 유권자들이 어떤 정치인을 지지할 때 정치인의 '이미지'만 보고 그를 지지한다고 쉽게 생각해서는 안 된다. 강남 사람들이 오세훈을 지지한 건 오세훈이 잘생기고 번듯해서가 아니라 '잘생기고 번듯한' 오세훈이 강남 집값을 올려주기 때문이다. 강남 사람들이 이명박도 지지했다는 사실을 기억하자. 유권자들은 자신이 좋아하고 지지하는 이미지가 자신에게 유리한 것인지 아닌지 판단할 수 있는 판단력 정도는 갖추고 있다. 만약 문재인이 특전사 복장을 하고 나와 '강한 남자' 이미지를 심어주려 한다면, 유권자들은 이렇게 물을 것이다. "누구한테 강한데? 북한한테도 강해?" 그리고 그 순간, 문재인은 북한에게 강했던 박정희의 딸 박근혜에게 밀린다.

또한 박근혜는 노무현 정부 시절 한나라당의 당대표를 지내면서 국가안보 문제에 결코 타협하지 않는 모습을 보여주었다. 이에 대해 박근혜는 "남자들이 국가보안법을 지켜내지 못하는 것을 여성인 제가 지켜냈다"[41]고 말했다. 앞에서도 말했듯이 박정희를 지지하는 영

---

41 〈박근혜 "나는 보수 아닌 중도다"〉, 《뷰스앤뉴스》, 2007. 3. 15.

남-저학력-고연령 층이 박근혜를 지지하게 된 것은 박근혜가 한나라당 당대표를 맡은 이후부터라고 할 수 있다. 박근혜는 남자들이 지켜내지 못하는 것을 지켜내면서 보수층에게서 '여성이지만 저 정도라면 나라를 맡겨도 좋을 것 같다'는 신뢰를 얻은 것이 아닐까?

박근혜는 다른 여성 정치인과 달라?

한국 사회의 주류인 보수적인 남성들은 지도자는 국가를 이끌 능력을 갖추어야 하며, 그 능력을 중심으로 온 국민을 단결하게 만들어 경제 성장을 이루고 안보를 지켜야 한다고 생각한다. 더 나아가, 이 능력을 발휘하기엔 여성 지도자는 시기상조라고 말한다. 하지만 박근혜는 예외다. 그녀는 한국 사회의 주류인 보수적인 '남성'들에게 지지를 얻을 만한 '여성' 정치인의 조건을 갖추고 있다.

이는 박근혜와 다른 여성 정치인을 비교하면 금방 드러난다. 2012년 4·11 총선을 앞두고, 새누리당과 민주통합당은 모두 여성 대표를 정면에 내세웠다. 민주통합당 한명숙 대표는 박근혜가 이끄는 새누리당에 맞서 총선을 지휘했다. 총선이 끝나고 새누리당이 승리하자 정치평론가들은 '위기관리엔 역시 박근혜'라고 말했다. 박근혜가 위기 상황을 맞아 당을 하나로 만들어 끌고 나가는 데 적합한 리더라는 것이다.

한명숙은? 정치평론가들은 '수성(守成)'에는 능하지만 총선 같은 전쟁 상황에는 적합지 않다는 평가를 내렸다. 한명숙은 평화 시기에 당을 관리하고, 화합과 통합을 이끌어내며 의견 조정을 이뤄내는 데는 능하다고 알려져 있다. 한명숙이 총리에 재직할 때 그를 모셨던 한 공무원은 "남의 말을 듣거나 조정하는 역할은 한명숙 대표가 역대 베스트 3에 들 정도로 높다고 본다"[42]고 말했다. 그러나 위기 상황에는 박근혜를 따라잡지 못한다는 평이 일반적이다. "한명숙 대표의 리더십을 '누님 리더십'으로 표현할 수 있다. 칭얼대는 동생, 왈가닥 동생 달래는 것까지는 좋지만 그 이상 뭐가 없다."[43]

보수 세력은 박근혜의 이러한 '위기관리' 능력과 한 집단을 자신의 중심으로 똘똘 뭉치게 하는 리더십에 열광한다.

박근혜는 보수 세력이 감당하기 어려운 '독립적이고 자유로운 여성' 이미지를 지닌 여성 정치인들과도 다르다. 이 독립적이고 자유로운 여성 이미지를 상징하는 이가 강금실 전 법무부 장관이다. 강금실은 자유분방하고, 자신의 개인적인 성격을 드러내는 데 주저함이 없다. 사회학 교수 조은숙은 "일반적으로 정치인들은 공·사 언어가 다른데 강 전 장관은 공사 영역을 왔다 갔다 한다"[44]며 솔직함을 강금실의 특징으로 꼽았다. 사생활을 감추면서 공적인 모습만 보여주는 박근혜와는 정반대다. 말을 아끼고 늘 행동거지에 조심스러운 박근혜와도 정반대다.

---

42 성기노, 〈박근혜-한명숙 '총선 전쟁' 리더십 해부〉, 《일요신문》, 2012.2.22.
43 박세열, 〈민주당의 위기, 한명숙 '누님 리더십'이 원인〉, 《프레시안》, 2012.3.22.
44 박형숙, 〈'상속녀' 박근혜와 '자유인' 강금실〉, 《오마이뉴스》, 2006.6.28.

보수 세력은 안정감을 주는 지도자를 좋아한다. 박근혜는 말과 행동거지를 조심하고 로봇처럼 움직이면서 사람들에게 신뢰와 안정감을 준다. 강금실처럼 자유분방한 여성과는 다르다. 보수언론이 노무현을 비판하던 레퍼토리 중 하나는 '대통령씩이나 돼서 말을 함부로 한다'는 것이었다. 박근혜 본인도 노무현을 찾아가서 "대통령 그만둔다는 말 좀 하지 마십시오. 국민들이 불안해합니다"라고 말했다. 이처럼 보수 세력은 안정감 있는 박근혜 같은 지도자를 좋아하고, 어디로 튈지 모르는 자유분방하고 개성 있는 정치인(강금실이나 노무현 같은)을 별로 선호하지 않는다.

보수적인 남성들이 강금실을 별로 좋아하지 않지만 자유롭고 독립적인 여성상을 꿈꾸는 20~30대 여성들은 강금실을 좋아한다. 영화평론가 유지나는 "나는 강금실이 이혼녀라는 점이 마음에 든다"며 "삼종지도(아버지·남편·아들)에서 독립한 여성으로서 20~30대 여성들의 역할 모델이 될 수 있다"고 말했다. 한의사 고은광순은 "박근혜는 아버지의 그늘 밑 존재지만 강금실은 '가산점'이 필요 없는 정치인"이라며 "정치적으로 미숙한 여성이 이제는 보호받지 않아도 두 발로 설 수 있다는 가능성을 보여줬다"고 말했다. 실제로 강금실은 20대 여대생이나 30대 직장 여성들 사이에선 높은 지지를 받지만 40대 이상 여성들에겐 오히려 비토 성향이 강하다. 보수적이고 가부장적인 여성관을 지닌 이들에게 강금실은 '아직은' 부담스러운 존재다. 2006년 서울시장 선거 때 강금실 캠프에서 조직을 담당한 이인영 의원은 "한국 사회의 가부장성이 이토록 공고한지는 몰랐다"[45]며 보수 세력의 강금실 비토가 꽤 강하다고 토로했다. 대신 보수 세력은 강금실과 정반대인 박근혜를 좋아한다.

박근혜는 여성들의 한풀이 대상?

그렇다면 박근혜가 대표하는 여성은 가부장적인 사회에 적합한 훌륭한 어머니이자 남자들도 못 지킨 국가안보를 지킨 철의 여성일까? 그렇다면 박근혜의 '여성'으로서 파워는 매우 제한적이다. 그녀가 대표하는 여성을 지지해줄 수 있는 사람이 매우 제한적이기 때문이다. 정작 여성들, 특히 젊은 여성들이 박근혜를 지지하는 비율은 낮은 편이다.

특히 박근혜가 결혼을 안 하고, 자식이 없다는 사실은 20~30대 기혼 여성들이 박근혜를 지지하지 않는 이유 중 하나이다. 2007년 한나라당 대선 후보 경선에서 이명박은 "결혼도 안 해본" 사람이 대통령을 할 수 있겠냐고 주장했다. 결혼을 안 했다고 대통령을 못하는 건 아니지만 박근혜가 결혼을 하지 않았기 때문에 20~30대 여성들에게 어필하지 못한다는 주장에는 일리가 있다. 일단 박근혜는 다른 여성 정치인들이 늘 하는, 아이를 데리고 다니면서 따뜻한 어머니 이미지를 연출하는 행동을 할 수 없다. 또한 20~30대 여성들의 가장

---

45 박형숙, 〈'상속녀' 박근혜와 '자유인' 강금실〉, 《오마이뉴스》, 2006.6.28.

큰 관심사인 결혼과 육아를 경험하지 못했다는 사실은 박근혜에게 약점이다. 같은 여성으로서 공감대를 형성할 수 있는 부분이 매우 좁아지기 때문이다.

이 점에서 박근혜는 여성 정치인 나경원과 대비된다. 나경원은 '어머니'를 늘 강조한다. 서울시장 선거 때도 '고3 자녀의 어머니'라는 이미지로 여성들의 공감을 끌어내려 했다. 다운증후군을 겪는 아이의 어머니라는 사실을 강조하며 여성들의 안타까움을 자아내기도 했다. 정치컨설팅 전문 조원씨앤아이 김대진 대표는 박근혜와 나경원을 대비하며 다음과 같이 말한 바 있다. "두 사람 앞에는 '여성'이라는 단어가 늘 따라다닌다. 그러나 같은 여성의 이미지가 아니다. 박 전 대표가 국모의 이미지가 강한 '정치적 여성'의 이미지라면 나 최고위원은 '엄마로서의 여성' 이미지를 지녔다. 이 차이가 박 전 대표에게는 없는, 나 최고위원만의 강점이 된다. 특히 또래 자녀를 키우고 있는 유권자인 30대, 40대에게 어필할 수 있다. 결혼과 육아를 직접 경험한 것과 말로만 동조하는 것은 엄연히 다르다. 나 최고위원은 이를 직접 경험을 했기에 국민들에게 감정을 표현하는 데 있어 더 진심으로 느껴진다. 때문에 유권자에게 친밀하고 편안하게 다가갈 수 있다."[46]

박근혜도 이러한 자신의 약점을 매우 잘 알고 있다. 그래서 박근혜는 1970년대의 여성이 아닌, 21세기의 여성의 모습도 보여주려고

---

46 박민정, 〈박근혜와 나경원 이미지 궁합〉, 《일요신문》, 2011.9.28.

노력한다. 그리고 지지자들도 박근혜에게서 21세기 여성의 모습을 발견한다.

일단, 박근혜의 존재 자체가 '21세기 여성'의 모습이다. 남자들이 사회·정치적인 권력을 꽉 쥐고 있는 한국 사회에서 박근혜만한 여성이 어디 있는가? 점차 여성들의 사회 진출이 늘어나고, 정치·사회·경제의 요직을 여성들이 차지하는 사례가 늘어나고 있다. 박근혜는 그 사례의 정점이다. 한국 최초로 정당 대표직을 차지한 여성이며, 수많은 중년 남성들을 측근으로 부리며 권력을 행사한다. 박정희의 딸이라는 조건이 있기는 하지만, 박근혜가 남성들의 전유물이던 대한민국 정치의 중심에 서 있는 것만은 사실이다. 2002년 박근혜 지지를 선언했던 여성주의자 최보은은 다음과 같이 말했다. "한 번도 권력자를 배출하지 못한 소수자 집단에서 처음으로 그런 가능성을 지닌 정치적 존재가 등장했는데 거기에 눈이 가지 않으면 도리어 이상한 노릇 아닙니까?"[47] 여성들이 박근혜를 지지하는 이유는 남성들의 전유물이던 정치 영역에서 남성들을 누르고 올라섰다는 점이 매력적이기 때문은 아닐까?

《오마이뉴스》 장윤선 기자는 박근혜를 지지하는 자신의 시어머니에 대한 기사를 쓴 바 있다. 장윤선 기자에 따르면 시어머니는 "그저 아버지, 오빠 말이 하늘이거니" 하고 살았던, "일 잘하는 여자"가 최고 신붓감이라고 말하는 사람이다. 장윤선은 어머님의 이야기를 들

---

[47] 최보은, 〈나는 그래도 여성을 찍겠다!〉, 《월간 말》, 2002년 6월호.

여성의 사회 진출에 관한 박근혜의 발언들

"여성이 차별 없이 능력을 발휘할 수 있는 사회가 선진국이다. 일하고 싶은 여성이 일할 수 있는 환경이 중요하다."

이지선, 〈박근혜 '첫사랑은 언제' 질문에 답이…〉, 《경향신문》, 2012년 7월 10일

"대통령이 된다면 재무, 법무 등의 핵심 분야에 여성 각료를 등용할 생각이 있으신가요?"

"자질이 된다면 남자고 여자고 무슨 상관이겠어요."

최보은, 〈진흙탕 정치판 헤쳐 나갈 지혜와 신념 있다〉, 《월간 말》, 2002년 9월호

"나는 수많은 여성을 만났다. 모두들 열정적이고, 확신에 차 있고, 정말 성실하다. 하지만 그녀들 앞에는 수많은 금지선이 놓여 있다. 임신을 하면 무조건 고과를 B로 매겨버리는 회사, 육아의 책임을 여성에게만 떠넘겨버리는 사회, 승진을 막는 보이지 않는 벽……. 하지만 그녀들은 사회의 금지선을 씩씩하게 넘고 있다. 나는 여성들이 금지선을 넘으면서 얼마나 많은 수고와 노력을 하고 있는지 잘 알고 있다."

박근혜, 《절망은 나를 단련시키고 희망은 나를 움직인다》

으면 "중세로의 여행"을 떠나는 것 같다고 말한다. 장윤선은 '여자 대통령 박근혜'는 그런 어머님의 한풀이가 아닐까라는 이야기를 한다.

"겉으로는 아무런 한도 없다고 하셨지만, 어머님은 공부 잘하는 시누이를 얼마나 자랑스러워했는지 모른다. '자식 힘이 얼마나 큰지 알어? 나는 이렇게 초등학교만 나오고 무식하게 살았어도 큰애가 중학교 들어가서 떡하니 전교 1등, 2등 찍어갖고 오니까 내가 가슴 쫙 펴고 목에 힘주고 살았어야. 3년 내내 전교에서 노니까 얼마나 눈물 나게 이쁘고 고마운지……. 밀양에 있는 니네 고모부는 여자애를 뭐 하러 서울로 대학 보내느냐고, 그냥 있는 데서 교대나 사범대 보내라고 그랬어도 내가 우겨서 서울로 보냈어. 에이구, 회사 잘 다니다가 그만둔 게 참말 아까워. 지금까지 회사 잘 다녔으면 과장도 하고 차장도 하고 그랬을 텐데.' 어머님에게는 과장, 차장이 정말 큰 자리였다. 주변의 누군가가 알 만한 기업에 들어가 과장 하고 차장 하면 그렇게 부러워하실 수가 없다. 그러니 '대기업'에 들어간 시누이가 과장, 차장까지 하는 것을 너무나 보고 싶어 하셨지만 결혼하고 아이 낳고 하는 가운데 시누이는 일을 그만두게 되었다. 어머님에게는 원통한 일이다. 당신이 못 배우고 못 살아본 넓은 세상을 딸이 대신 살아주기를 바라서였을까. 동네의 아주머님들과 친동기같이 지내시는 어머님의 세계에서, '여자 대통령 박근혜'는 어쩌면 또 하나의 한풀이일지도 모른다. '나만 그런 거 아녀. 동네 노인정에 가보면 여자들은 다 박근혜 찍는단다. 그 왜, 장판집 도배집 하던 김씨 아줌마 있잖아? 그 아줌마는 광팬이야, 광팬. 자기 살아생전에 여자가 대통령하는 거 보고 죽는다고 난리여.'"**48**

사회 진출의 통로가 사회의 관습에 의해 막혀버린 여성들에게 박근혜는 '성공한' 여성, 21세기의 여성일지도 모른다. 장윤선의 시어머니처럼 '중세'를 살았던 여성이건, 능력과 실력은 있지만 여성이라는 이유로 '유리천장'에 부딪힌 여성이건 박근혜는 자신의 한을 풀어줄 여성이 될 수 있지 않을까?

박근혜는 21세기 여성의 대변자?

박근혜는 실제로 능력 있는 여성이 남성과 동등하게 경쟁하는 사회가 되어야 한다고 반복해 주장한다. 이재오가 '여성 대통령은 시기상조'라고 말하자 박근혜는 "21세기에도 그런 생각을 하는 사람이 있나요"라고 받아쳤다. 《뷰스앤뉴스》와의 인터뷰에서도 정치인으로서 자신의 가장 큰 약점이 '여성에 대한 편견'이라고 밝히면서, "21세기에 여성이라는 것이 약점이 되어선 안 된다"고 말했다. 남성들만이 사회 요직을 차지할 수 있다는 생각은 박근혜에게는 '구시대적'인 생각이다. 2000년 4·13 총선 직후, 박근혜는 자신에게 주어진 지명직 부총재 자리를 거절하고, 선출직 부총재 경선에 출마한다. 의원들이

---

48 장윤선, 〈"여자 대통령 박근혜"… 역시, 우리 어머님은 세다〉, 《오마이뉴스》, 2012.7.28.

가만히 있으면 어차피 여성 몫의 지명직 부총재로 임명될 수 있는데 왜 선출직 부총재 경선에 나가 사서 고생하느냐고 반응하자 박근혜는 다음과 같이 말한다. "21세기에 아직도 여성의 몫으로 부총재 자리 하나 만들어놓고 여자는 거기에 눌러앉으면 된다는 식의 발상을 하고 있다는 사실을 받아들이기 어려웠다. 같은 부총재라도 선출직 부총재와 지명직 부총재는 말의 힘이 다르다. '여성 정치인'으로 보호받고 특혜를 누리며, 여성 몫으로 만들어놓은 자리에 임명되는 것은 내 정치적 신념과도 맞지 않았다. 당당히 경쟁해서 당원들에게 선택받아야 소신 있게 내 목소리를 낼 수 있다고 생각했다."[49]

이처럼 박근혜는 21세기에 걸맞은 여성이란 경쟁을 통해 당당하게 남성들과 겨루고, 이를 통해 사회적 발언을 높여가는 여성이라고 정의하고 있다. 그리고 여성들의 사회 진출을 가로막는 벽들을 없애고, 여성도 마음 놓고 일할 수 있어야 한다고 말한다. 박근혜는 실제로 이러한 자신의 생각을 반영한 여성 정책을 발표했다. 2012년 7월 19일 부산에서 발표한 여성 정책의 핵심은 '육아부담 경감'이었다. 그녀는 남성에게도 출산 후 3개월 중 1개월은 100% 유급 출산휴가를 제공하는 '아빠의 달' 도입을 제안하고, 여성 관리직 비중이 동종업계 70% 이하인 기업에는 적극적 고용 시정권고를 하는 정책, 여성 관리직 비율이 높은 우수기업에는 정부 조달계약에서 우선권을 제공하는 정책도 내놓았다. 박근혜는 자신의 여성 관련 정책 목표가

---

49 박근혜, 《절망은 나를 단련시키고 희망은 나를 움직인다》, 위즈덤하우스, 2007.

"여성이 마음 놓고 일할 수 있는 나라"라고 말했다.[50]

　박근혜는 급진적이거나 진취적인 주장을 하고 있는 게 아니다. 박근혜의 주장은 지극히 상식에 가깝다. 박근혜는 여성도 남성만큼의 대우를 받아야 한다고 주장하는데, '대우'란 바로 기회의 평등이다. 여성한테도 마음대로 노동할 수 있는 기회를 주라는 것이다. 자질과 능력이 되는 여성들에게 남성들과 당당히 경쟁해 이길 수 있는 기회를 주라는 것이다.

　육영수를 추억하는 어르신들은 박근혜에게서 육영수를 떠올린다. 그리고 박근혜를 싫어하는 이들은 박근혜가 육영수의 추억을 팔아 이미지 장사를 한다고 비난한다. 그러나 박근혜가 대표하는 여성이 육영수로 고정되어 있는 것은 아니다. 박근혜는 21세기에 필요한, 육영수에 대해 별 추억도 기억도 없는 여성들이 필요로 하는 여성상에 대해 잘 알고 있다. 그녀는 남성들을 누르고 정상에 올라선 자신의 삶으로 그것을 보여주었고, 정책과 발언들을 통해 여성들에게 '기회의 평등'을 약속했다.

50　정민규, 〈부산 찾은 박근혜에게 안철수 책 물어보니〉,《오마이뉴스》, 2012.7.19.

박근혜의 국가, 서민들의 국가

"저의 삶은 대한민국이었습니다." 어떻게 보면 참으로 오만한 말이다. 대한민국의 어느 누가 감히 내 삶이 대한민국이었다라고 말할 수 있을까? 이 말을 한 사람은 박근혜다. 지난 2012년 8월 20일, 새누리당 대통령 후보로 선출되자 이를 수락하면서 한 말이다.

박근혜 지지자들은 박근혜의 애국심을 높게 평가한다. 박근혜가 '국가밖에 모르는 바보'라는 것이다. 박근혜 역시 자신이 항상 애국심으로 똘똘 뭉쳐 있다는 점을 보여준다. 최보은은 2002년 박근혜와의 인터뷰에서 박근혜 지지모임의 구호인 '애국애족'이나 '아버지의 못 다 이룬 뜻' 등에서 1970년대의 전근대적 분위기가 느껴진다고 말한다.[51] 박근혜는 이에 대해 "청와대에서 살던 초등학교 시절부터 저녁밥상에 앉아 남부지방에 가뭄이 들어 걱정이라는 식의 아버님 말씀을 듣고 자랐어요"라며 "제게는 애국애족이라는 말이 자연스러워요"라고 말한다. 박근혜의 애국심에 관한 일화가 여러 가지 있다. 박정희가 김재규에 의해 암살당하고 난 뒤 김계원 비서실장이 박근혜에게 이 소식을 전하자, 박근혜가 제일 먼저 한 말은 "전방에는

51 최보은, 〈진흙탕 정치판 헤쳐 나갈 지혜와 신념 있다〉, 《월간 말》, 2002년 9월호

이상이 없습니까?"였다고 한다. "아버지의 죽음을 틈타 북한이 무력 침공을 감행할 수도 있겠다는 생각"[52]이 들었던 것이다. 박근혜는 이에 대해 (애국심이) "몸에 밴 거죠"라고 말한다. 박근혜가 전자공학과에 진학한 이유도 나라를 위해서다. 박근혜는 나라의 경제 발전에 기여하는 '산업역군'이 되고자 전자공학을 전공으로 선택했다. 박근혜를 불문과나 영문과에 보내려 했던 박정희는 박근혜의 이런 말을 듣고 매우 감동을 받았다고 한다. 심지어 박근혜는 결혼을 왜 안 했느냐는 질문에 "국가와 결혼했다"고 대답하기도 했다.[53] 박정희뿐만 아니라 그의 지지자들도 박근혜의 이러한 애국심에 감동을 받는다.

박근혜의 지지자들은 박근혜가 국가에 대한 사랑은 물론 국민에 대한 사랑으로 넘쳐나는 사람이라며 그녀를 지지한다. 박근혜는 늘 '국민의 뜻'을 입에 달고 다닌다. 자기만의 생각과 가치관이 있는지 의심스러울 정도로 박근혜는 어떤 사안이나 쟁점에 대해 '국민의 뜻'을 언급한다. 2008년 광우병 파동으로 많은 시민들이 촛불을 들었을 때 박근혜는 "국민들의 불안감을 해소하는 방법이 재협상밖에 없다면 재협상을 해야 한다. 이 문제에 대해서 국민이 걱정하는 것은 충분한 이유가 있다"고 말했다. 또한 지난 2009년 2월 임시국회를 앞두고 이명박 대통령을 만난 박근혜는 다음과 같이 말한다. "2월 쟁점법안 처리가 예정돼 있는데, 쟁점법안일수록 국민의 이해를 구하고

---

52 박근혜, 《절망은 나를 단련시키고 희망은 나를 움직인다》, 위즈덤하우스, 2007.

53 이지선, 〈박근혜 '첫사랑은 언제' 질문에 답이…〉, 《경향신문》, 2012.7.10.

공감대를 이루는 것이 중요하다 (…) 그런 문제에 대해 충분한 시간을 갖고 어떤 점이 옳고 그른가, 국민의 우려를 어떻게 해소할지 토론하고 검토하는 것이 중요하다."[54] MBC 파업사태를 묻는 기자의 질문에 대해서는 "파업이 장기화되고 있는데 노사가 서로 대화로 슬기롭게 잘 풀었으면 좋겠다. 하루 빨리 정상화되길 바라는 것이 국민의 마음이라고 생각한다"[55]고 대답했다. 안철수에 대한 생각을 묻자 "그분 나름대로 생각이 있지 않겠나. 제가 그 부분에 대해 평가할 게 아니다. 국민이 판단하지 않을까 한다"[56]라고 말했다. 심지어 '가장 좋아하는 헤어스타일이 뭐냐'는 질문에도 "국민들이 좋아하는 스타일"[57]이라고 대답했다.

이처럼 박근혜 지지자들은 국가와 국민밖에 모르는 박근혜에게 열광한다. 애국을 강조하는 보수 계층이 박근혜를 좋아하는 이유는 이 때문일 것이다. 박근혜는 아버지가 죽은 상황에서도 대한민국의 국경을 걱정할 정도로 국가에 대한 걱정과 근심이 온몸에 가득한 사람이며, 자신의 미래를 국가에 바칠 정도로(산업역군) 국가에 대한 사랑으로 넘쳐나는 사람이다. 자신의 생각이 아니라 '국민이 어떻게 생각하는지'를 늘 고민하는 사람이다.

---

54 레떼의강, 〈박근혜의 '잠수타기', 밑지는 장사다〉, 《미디어스》, 2008.12.29.
55 김성재, 〈새누리당 경선룰 확정… 박근혜의 '원칙'은 '일방통행'〉, 《미디어스》, 2012.6.26.
56 황준범, 〈박근혜, 안철수에 대해 묻자 "국민 정치드라마 안 바란다"〉, 《한겨레》, 2012.7.10.
57 이지선, 〈박근혜 '첫사랑은 언제' 질문에 답이…〉, 《경향신문》, 2012.7.10.

박근혜의 든든한 지지자는 서민층?

박근혜의 지지자들은 박근혜가 서민을 생각하고, 서민의 곁에서 서민의 아픔을 공유하는 '서민 정치인'이라고 굳게 믿는다. 진보적 지식인 중 한 명인 손석춘은 택시운전사와 만났던 일화를 소개한다. 손석춘이 대구에서 택시를 탔는데, 40대 초반의 택시 운전사는 대구 경기가 죽어 있으며 이명박 정부가 경제를 살리지 못하고 있다고 비판했다. 그러면서도 그는 박근혜를 지지했다.

> "지난 대선에서 박근혜 대표가 대통령이 되었다면 달라졌을 겁니다." "그럴까요? 박근혜도 경제 정책은 비슷했었는데요." (…) "박근혜 대표님은 이명박과 달라요. 저는 팬입니다." "아, 그러세요. 박근혜 대표의 어떤 모습이 좋던가요?" "조신하잖아요~ 몸 가짐 보세요! 얼마나 조심스럽고 얌전합니까. 그러면서도 할 말은 다 하잖아요." "그렇군요. 그런데 박근혜 대표도 서민적인 건 아니잖아요?" "왜요? 박 대표님은 박정희 대통령처럼 친 서민 정책을 펼 겁니다. 대기업 회장하던 이명박과는 다르지요."[58]

택시운전사는 이명박과 박근혜를 비교하며 이명박은 대기업 회장 출신이지만 박근혜는 이명박과는 다른 친 서민 정책을 펼칠 것이라고 말한다. 이는 진보 진영이 반 이명박, 반 새누리당(반 한나라당)만

---

58   손석춘, 《박근혜의 거울》, 시대의창, 2011.

으로 박근혜를 이길 수 없는 이유이다. '이명박근혜'라는 공격이 먹히지 않는 것이다. 실제로 많은 유권자들이 이명박에 이어 박근혜가 정권을 잡는 것을 '정권 교체'라고 생각한다. 2012년 6월 한국리서치의 여론조사에 따르면, 이명박의 국정운영에 부정적인 평가를 내린 응답자는 57.8%이며, 이 중 25.9%는 박근혜를 지지한다고 대답했다. 2012년 6월 중순에 리서치앤리서치가 실시한 조사에서도 이명박의 국정운영을 부정적으로 평가한 62.7%의 유권자 중 24.7%가 박근혜를 지지한다고 밝혔다.[59]

이명박의 국정운영을 반대하면서도 박근혜를 지지하는 이유는 이명박과 박근혜가 다르다고 생각하기 때문이다. 이명박의 지지도가 떨어진 가장 큰 원인은 무엇일까? 손으로 다 꼽기도 힘든 측근 및 친인척 비리가 대표적이다. 2007년 대선 때 이명박은 측근 및 친인척 비리는 없을 것이라고 호언장담했고, "도덕적으로 완벽한 정권"이라는 말까지 하며 자신만만해했다. 그러나 비리사건이 끝도 없이 터져나왔다. 청와대의 비서관과 수석들이 줄줄이 구속되고, 이명박이 임명한 국가기관의 수장과 공기업 사장들이 기업에게 특혜를 제공했다는 사실이 밝혀져 쇠고랑을 찼다. 아들 이시형, 친형 이상득, 조카 이지형, 사촌처남 김재홍, 조카사위 전종화 등 친인척들도 각종 비리에 연루되어 조사를 받거나 감옥에 갔다. 많은 이들은 이명박이 CEO처럼 국가를 운영하고, 정치를 사사롭게 한다고 비판한다. 이러

---

59 강창광, 〈박근혜가 MB까지 때리면, 야당의 카드는?〉, 《한겨레》, 2012.7.20.

한 공적이지 않은 사사로움의 정치는 이명박을 서민과 거리가 먼 정치인으로 만들었다. 물론 이명박 본인은 늘 국민을 위해 온몸을 바쳐 일한다고 생각할지도 모르겠지만 말이다. 이명박 정부를 상징하는 단어는 '비즈니스 프랜들리(친 기업)', '강부자(강남 사는 부자)' 등이다.

이런 이유로 보수 세력은 '이명박이 아니라 박근혜가 됐어야' 한다고 생각한다. 대기업 출신 이명박이 아니라 애국심으로 무장한 박근혜라면 서민 경제가 이렇게 망가지지 않았을 것이라고 생각하기 때문이다. 문화사회연구소 연구원 김성윤은 인터넷 매체《미디어스》에 올린 글에서 한나라당 지지자인 택시운전사 이야기를 한다. 택시운전사는 이명박이 빈부 격차를 심화시켜 사회갈등을 증폭시켰다고 비판하며 이명박이 아니라 박근혜가 대통령이 됐어야 한다고 말한다. 이어 박근혜라면 챙길 사적인 가족이 없기 때문에 이해관계에 얽매이지 않았을 것이라고 주장한다.[60] 박근혜 역시 자신의 장점이 "사리사욕에 흔들리지 않는" 것이라고 말한다.[61]

박근혜의 지지자들이 박근혜를 '서민의 편'이라고 생각하는 이유는 무엇일까? 실제로 서민일 가능성이 높은 저학력-저소득층이 박근혜를 많이 지지한다. 통계적으로도 그렇다.《한겨레》의 조사 결과, 박근혜는 저학력·저소득층에서 64~66%의 지지율을 얻는 것으로 밝혀졌다.[62] 2012년 6월 미디어리서치가 실시한 '대선에서 새누리당

60   김성윤, 〈박정희로 질주하는 택시〉,《미디어스》, 2008.12.3.
61   이지선, 〈박근혜 '첫사랑은 언제' 질문에 답이…〉,《경향신문》, 2012.7.10.
62   〈안철수, 오차범위 넘어 박근혜 추월〉,《뉴시스》, 2012.7.30.

후보와 야권 단일 후보가 대결할 경우'를 가상한 조사에서 저소득층은 야권(26%)보다 새누리당(51%)을 더 치켜세웠다(중산층 이상은 야권(45%)이 새누리당(38%)에 우세했다). '박근혜 대 안철수' 대결도 저소득층은 '박근혜 60%, 안철수 33%'였다(중산층 이상은 '안철수 48%, 박근혜 43%'였다).[63]

흔히 보수 세력의 주축이라 하는 노년층도 박근혜를 지지한다. 박근혜의 유세장을 보면 대부분 노년층이 차지하고 있다. 한국 사회에서 저소득-저학력-노년층은 대부분 서민에 속한다. 이러한 서민들이 보수 세력의 많은 부분을 구성하며, 박근혜의 든든한 지원군이다.

어르신들이 박근혜를 '서민의 편'이라고 생각하는 데에는 '박정희'의 역할이 크다. 해방과 한국전쟁을 거치면서 대한민국의 많은 빈민·저소득층은 생존의 문제에 시달렸다. 그런 이들에게 박정희는 경제 성장을 이루어낸 영웅이다. 빈민·저소득층에게 먹고살 일자리와 소득을 주었다. 칠흑 같은 '깡촌'에 전기를 넣어주고, 쌀밥을 먹게 해주던 영웅이었다. 박근혜는 아버지가 24시간 국민 걱정을 하고, 차를 타고 가다 고속도로 주변 공사가 잘못된 것이 있으면 일일이 메모하고 휴게소에 들러 전화로 당국에 시정시킬 정도로[64] 늘 나라 걱정뿐이었다고 말한다. 앞서 소개한 《오마이뉴스》의 장윤선 기자는 왜 자신의 시어머니가 박정희를 좋아하는지에 대해 다음과 같은 말

63 홍영림, 〈'서민 후보' 對 '귀족 후보〉, 《조선일보》, 2012.7.15.
64 박근혜, 《고난을 벗 삼아 진실을 등대 삼아》, 부산일보출판국, 1998.

을 한다.

"나 젊었을 때, 결혼하고 우리 옆집에 살던 아저씨 하나가 있어. 니 아버지랑 친했는데, 지금도 저기 법동에서 마누라랑 둘이 살어. 그 양반이 군대에서 일했거던. 군에서 사고로 몸을 크게 다친 거여. 이제 인생 끝났다고 그랬는데 나중에는 보상도 나오고 보훈병원에서 치료도 해주고. 박정희 때 그게 처음 된 거여. 그전에는 그런 게 아주 없었으니까 세상 좋아진 거지. 그런 게 많어, 박정희 때는. 난 시골에서 농사지으면서 일이라면 아주 지긋지긋해. 하루 종일 허리가 휘게 일해도 겨우 먹고살았으니까. 너 꿀밤밥 안 먹어봤지? 꿀밤 그게 도토리야. 그거 넣고 밥하면 밥이 얼마나 맛이 없는 줄 알아? 그런 거 먹고살았는데 박정희 되고 나서 쌀 걱정 안 하고 살았어야."[65]

박정희가 죽고 난 뒤 박근혜는 문화답사 겸 여행으로 전국을 돌아다녔다. 박근혜가 한 마을을 지나가는데, 국수를 먹고 있던 아주머니들이 박근혜에게 먹고 가라며 국수 한 그릇을 내주었다. 박근혜가 다 먹고 인사한 뒤 다시 길을 떠나려는데, 구석에 앉아 있던 한 할머니가 그녀에게 다가와 천 원짜리 몇 장을 쥐어주며 이렇게 말했다고 한다. "난 자네가 누군지 알어. 돌아가신 육 여사님을 똑 닮았네. 그 양반이 좋은 일도 많이 했지. 남들은 까마귀 고기 먹은 것처럼 다

---

65 장윤선, 〈"여자 대통령 박근혜"… 역시, 우리 어머님은 세다〉, 《오마이뉴스》, 2012.7.28.

잊어도 나는 못 잊네. 이 깡촌에 전기 넣어준 사람이 자네 아버지 맞지?"[66]

하지만 박근혜의 '친서민 이미지'를 강화시켜주는 것은 박정희라기보다 육영수이다. 박정희는 경제 성장을 이루고, 밥 굶지 않게 근대화를 이룩한 영웅이지만 바로 그렇기 때문에 국민들과 '거리감'이 있는 존재였다. 육영수는 박정희가 하지 못했던 일을 주도했다. 육영수는 퍼스트레이디 시절 국민들의 불만과 고충을 들어주는 민원 창구 역할을 담당하며 국민들과 스킨십을 시도했다.

육영수는 라디오와 신문을 매일 검토하며 국민의 목소리를 청취하고, 어려움에 처한 국민이 있으면 찾아가 격려하고 도움을 주었다고 한다. 또한 늘 어려운 이웃과 국민이 있는 곳에 찾아가 봉사활동을 하고, 해마다 연말이 되면 근로자 합숙소나 시립병원 등에 찾아가 선물을 전하고 불우한 이들을 둘러보곤 했다.[67] 박근혜가 "어머니는 어떻게 이렇게 10년을 사셨을까"라고 혀를 내두를 정도로 육영수는 봉사활동과 이웃돕기에 전념했다고 한다.

박근혜는 육영수가 죽은 뒤 육영수의 이런 활동을 이어받았다. 무료 진료소와 야간병원에 찾아가, 가난하고 힘없는 사람들의 손을 어루만지며 그들을 위로하고, 그들의 목소리를 들었다. 박근혜는 무료 진료소와 야간병원의 운영만으로는 역부족이라고 생각해 박정희에

---

66 박근혜, 《절망은 나를 단련시키고 희망은 나를 움직인다》, 위즈덤하우스, 2007.

67 박근혜, 《나의 어머니 육영수》, 사람과사람, 2000.

게 의료복지제도 도입을 건의했다고 한다. 박근혜는 정치인 중에서도 유난히 지지자들과 스킨십을 많이 한다. 박근혜가 거리 유세를 나가면 어르신들이, 특히 아주머니, 할머니들이 박근혜의 손을 잡고 포옹을 하려고 박근혜에게 다가간다. 육영수가 퍼스트레이디 시절 국민들을 찾아가 손을 어루만지고 안아주었던 모습, 박근혜가 퍼스트레이디 시절 고통 받는 서민들에게 다가가 손을 어루만지고 안아주었던 모습을 떠올리기 때문이 아닐까?

이런 지지자들이 있기 때문에 박근혜는 조직과 주변 정치인들을 믿지 않는다. 박근혜는 2인자를 만들지 않기로 유명하다. 이는 박근혜가 정략과 이익 추구로 가득 찬 정치인들을 믿지 않기 때문이다. 그녀는 박정희가 죽은 뒤 박정희의 측근들에게 엄청난 배신감을 느꼈다고 토로한다. 박정희가 살아 있을 때는 그가 무조건 옳다고 말하던 이들이 박정희 시대를 비판하며, 박정희가 시켜서 어쩔 수 없이 명령을 따랐다는 말을 하는 걸 보며 경멸감을 느꼈다고 한다. "계속해서 인간에 대해 실망을 하게 되는 일들이 생긴다. 충성을 얘기하고 뭐가 어떻고 말이 많았던 그도 결국 마음에 있는 것은 '자리' 하나였다."[68] 이런 경험 때문인지 박근혜는 측근 정치인들을 잘 믿지 않는다. 박근혜와 가까운 한 인사가 박근혜에게 문제를 일으킬 소지가 있는 친박 인사들에 대해 묻자, 박근혜는 "저도 들어서 알고 있어요"라며, "그런 사람들을 중용하는 일은 결코 없을 것"이라 말했다고 한다.

---

68 박근혜, 《고난을 벗 삼아 진실을 등대 삼아》, 부산일보출판국, 1998.

친박 의원들조차 박근혜가 자신의 뜻이나 길을 방해한다면 아무리 최측근이라 해도 살아남지 못할 것이라고 생각한다. 박근혜의 한 측근 인사는 "언젠가 친박 정치인들이 모인 자리에서 '당신들 비리로 구속되면 박 대표가 살려줄 것 같으냐'고 물어봤더니 아무도 대답을 하지 않고 조용해진 일이 있었다"며 "친박 인사들도 박 전 대표가 어떤 사람인지 잘 알고 있다"고 말했다. 이러한 사실에 기인하여 친박계 김재원 의원은 "박근혜 전 대표가 대통령이 되면 박근혜 정권이 되는 것이지, 친박 정권은 되지 않을 것"이라고 자신했다.[69] 측근에 대한 단호함은 이명박과 박근혜를 구별해주는 지점이기도 하다. 실제로 박근혜는 최측근이자 '2인자'라 불렸던 김무성 의원과 주저하지 않고 결별했다. 박세일 한나라당 정책위의장이 행정수도 이전과 관련해 노무현 정부와 타협하겠다는 박근혜의 생각에 반대하며 사퇴하겠다고 말하자 말리지 않고 사퇴하게 내버려두었다. 자신이 직접 임명한 사람이었음에도 말이다. 그렇다면 박근혜는 조직 없이, 측근 없이 정치를 하겠다는 말인가? 정치평론가 고성국은 이에 대해 다음과 같이 말한다.

"박근혜는 조직을 믿지 않는다. 조직보다는 대중의 마음을 믿고 정치적 세보다는 바닥의 민심을 믿는다. 박근혜는 시골장터에서 만난 이름 모를 아주머니들을 믿는다. 어머니가 죽었을 때, 아버지가 죽었을 때 뜨거

---

69 성한용, 〈감정 절제된 수직 리더십, 불만 땐 '레이저 광선'〉, 《한겨레》, 2011.8.11.

운 눈물을 같이 흘렸던 저잣거리의 장삼이사를 더 믿는다. 그런 의미에서 박근혜는 본질적으로 대중 정치인이다. 무소의 뿔처럼 혼자 가는 대중 정치인이다. 이는 박근혜가 겪어온 곡절 많고 굴곡진 정치 역정 속에서 자연스럽게 형성된 제2의 천성과 같은 것이다.

박근혜는 신뢰를 가장 중요한 인생철학으로 생각한다. 그가 청와대를 나와 정치를 시작하기 전까지의 어려운 시기 동안 썼던 일기에 가장 많이 나오는 단어가 바로 신뢰다. 이는 그만큼 그가 많은 배신을 보고 겪었다는 뜻이고, 배신과 모멸의 참담한 세월을 견뎌냈다는 뜻이다. 박근혜가 겪은 배신은 대중의 배신이 아니었다. 바닥 민심의 배신이 아니었다. 배신은 늘 높은 자리, 조직의 위세를 즐기던 사람들에 의해 자행되었던 것이다."[70]

진보 진영은 박근혜를 '공주'라고 부른다. 서민의 삶을 이해하지 못하는, 궁궐 속에서 평생을 살았으며, 살고 있는 공주라는 것이다. 하지만 그 공주는 권력의 중심에서 궁정의 암투를 목격했고, 정치인과 조직을 믿지 않는다. 아버지와 어머니의 죽음에 슬퍼하고, 자신의 손을 맞잡아주었던 자신의 지지자들을 믿는다. 박정희가 죽자 박정희 앞에서 고개를 숙이던 이들은 하나같이 박정희를 욕하고 비난했다. 그러나 박근혜가 길거리에서 만났던 서민들은 아버지의 공로에 감사하고, 어머니의 따뜻함에 대한 기억을 공유하고 있었다.

---

70 고성국, 〈'무소의 뿔' 박근혜, '계파 정치'의 비밀은?〉, 《프레시안》, 2010.11.8

"오늘 새마을 지도자 한 분을 만났다. 어느 교수가 새마을 연수에 왜 아버지 어록을 많이 인용하여 교육하는가 하고 항의 식으로 얘기한 데 대해 이렇게 대답했다고 한다. '당신들은 부잣집에 태어나 좋은 교육받고 유학하고, 어느 대통령이 되든 비판이나 하고 말면 될지 모르나 새마을 지도자나 농민에게 있어서는 보통 대통령이 아니고 정신적 지주다.'"[71]

"아버지 돌아가신 후 주한 일본 특파원들이 부인들을 통해 짧은 한국말로 시장에서 여론조사를 했다고 한다. 많은 상인들이 그토록 애통해하면서 우리들 걱정까지 했다고 한다. '앞으로 어떻게 사느냐'고…… 좌판 생선가게를 하는 한 아주머니는 '내 영감이 죽었어도 이렇게 울진 않았다'고 하면서 아직도 울더라고 한다."[72]

박근혜는 정말 서민의 신문고일까?

진보 진영의 정치인들은 박근혜를 '수첩공주'라고 비난하지만, 박근혜는 자신의 이 별명이 자랑스럽다고 말한다. 박근혜는 정치인들을 만나 의견을 듣거나 국민들을 만나 대화를 나눌 때 수첩에 이를 적는다. 박근혜의 이러한 태도는 박근혜와 대화를 나누는 사람에게 '박근혜가 내 말을 경청하고 있다'는 신뢰감을 준다. 육영수 역시 국

---

71 박근혜의 일기.
72 박근혜의 일기.

민들이 부탁한 내용에 대해 기억하고 있다가 해당 업무를 담당하는 공무원에게 그 일 처리를 부탁하고, 시간이 흘렀어도 그 일이 잘 처리되었는지 확인했다고 한다. 한마디로 육영수와 박근혜는 힘없는 서민들 입장에서 '민원 창구'인 셈이다.

조선시대에는 '신문고'라는 제도가 있었다. 잘 운영되지는 않았지만 백성이 여러 가지 방법으로 자신이 처한 억울하고 힘든 상황을 왕에게 직접 자신의 처지를 설명하고 도움을 구하는 제도였다. 많은 사람들은 민주주의 사회인 지금도 대통령이나 지도자를 '신문고'라고 생각한다. 영화 〈프레지던트〉에는 대통령이 길거리에 나서자 자신의 처지를 알리고 도움을 구하기 위해 한 청년이 대통령에게 뛰어드는 장면이 나온다. 어려움에 처했지만 제도의 도움을 받지 못하는 수많은 서민들이 법적이고 행정적인 절차를 뛰어넘어, 한 방에 자신의 처지를 해결할 수 있는 방법이다. 청와대에는 대통령에게 보내는 일반 국민들의 편지가 끝도 없이 몰려든다. 조선시대의 '성군'들은 민심을 직접 파악하기 위해 변장을 하고 암행에 나섰다. 사극에 늘 등장하는 장면이 신분을 숨기고 몰래 암행을 나섰던 왕이 굶주리고 역병에 시달리는 백성들의 실상에 충격을 받고 백성을 위한 정치를 하기로 결심하는 장면이다. 육영수도 퍼스트레이디 시절 비슷한 일을 했다. 조선시대와 달리 육영수의 얼굴은 알려져 있으니 은밀하게 도움이 필요한 장소에 찾아갔다. 육영수가 자주 이렇게 사라져서 청와대의 경호원들은 꽤나 골치를 썩었다고 한다. 육영수는 근로자합숙소나 판자촌, 병원 등을 연락도 없이 찾아갔다. 그녀는 이렇게 행동한 이유가, 영부인이 방문한다고 하면 환경 정돈과 청소를 열심히 하고, 외양에 신경을 써 평소의 모습을 파악할 수 없기 때문이라고 말한다. 서민들의 평소 상태를 파악하기 위해 '암행'을 한 것이다. 그리고 이런 과정을 통해 서민들의 실상을 알고, 서민들은 이 기회를 통해 영부인에게 도움을 받는다.

어떤 이들은 조선시대와 민주주의 사회인 현대를 비교하는 것이 거북할지도 모른다. 하지만 보수 세력이 원하는 지도자는 사실상 '훌륭하고 어진 왕'과 다를 게 없어 보인다. 국민을 하나로 단결하게 만들어 경제 성장과 사회 안정을 이끌 능력 있는 지도자는 사실상 '왕'이 아닐까? 민주주의 사회는 다양한 목소리를 인정하며 경제 성장 외의 다른 가치도 중시하고 갈등과 혼란을 '과정'으로 여기는 사회다. 그러나 민주주의 사회가 이 갈등과 혼란을 잘 조정하지 못할 때, 혹은 그 갈등과 혼란이 지속될 때 보수 세력은 지나친 민주주의에 대한 반감을 느낄지도 모른다. 강력한 리더십을 지닌 지도자가 나타나 이 상황을 수습해주길 바라는 심리가 생겨난다는 것이다. 4·19 혁명 이후 정당과 정치인들이 정국을 수습하지 못하면서 한국 정치는 혼란스러웠고, 상당히 많은 사람들은 그때 쿠데타를 일으킨 박정희에게 환호했다.

이런 가정이 옳다면, 박근혜는 훌륭하고 어진 왕으로 보수 세력에게 어필하고 있는 것처럼 보인다. 박근혜는 '공주'라고 불린다. 왕처럼 군림하던 박정희의 피를 이어받았다. 노무현이나 이명박과는 다른 고귀함이 박근혜에게 있다. 박근혜는 공주 생활을 하며 그 고귀함을 배웠다. 플러스 이미지랩 우영미 대표는 "박 전 대표는 겉모습에서 클래식함, 무게감, 신뢰감이 느껴진다. 일반 정치인들과는 태생적으로 다른 만큼 귀족적 기품이 온몸에 배어 있는 스타일이다"[73]라고 말한다. 보수 세력이 보기에 박근혜는 고귀함에 더해 지지자들의 손을 잡아주며 그들의 목소리를 듣는 자상함까지 갖추었다.

박근혜 지지자들은 박근혜에게 '성군'의 모습, 자신의 고민을 해결해줄 '민원 창구' 역할을 기대하는 것은 아닐까? 조기숙 이화여대 교수는 〈MBC 100분토론〉에 출연해, 박근혜 지지자들은 워낙 견고하여 박근혜가 당의 이름을 바꾸건, 정당의 강령을 바꾸건 크게 개의치 않고 박근혜를 지지한다고 말했다. 조기숙의 말처럼 박근혜 지지자들이, 특히 저학력-저소득-고연령 층의 사람들이 박근혜를 지지하는 이유는 박근혜의 정책 때문이 아니라 박근혜를 '같은 편'이라고 인식하기 때문은 아닐까? 자신의 고민을 들어주고 해결해줄 신문고이자 민원 창구 말이다.

박근혜의 서민 이미지는 계산된 것일까?

박근혜가 서민 편이라는 인식은 박근혜가 사사로이 이익을 추구하지 않고 청렴하다는 생각에 기인한다. 이 역시 박정희와 육영수에

---

73 박민정, 〈박근혜와 나경원 이미지 궁합〉, 《일요신문》, 2011.9.28.

대한 기억과 이미지의 영향 중 하나다. 박정희를 좋아하는 사람들은 박정희가 자신의 재물을 축적하지 않고 청렴하게 살았으며 국가와 민족을 위해 한 몸 바쳐 봉사했다고 생각한다. 박근혜도 어머니 육영수에게 청렴하게 살아야 한다는 것, 대통령과 대통령의 가족이라고 해서 특별한 대우를 받아선 안 된다는 점, 가난한 한국 국민의 한 사람으로 살아야 한다는 점을 교육받았다고 한다. "어머니가 저희들을 키우며 가장 신경 썼던 일 중 하나는 저희들이 행여 대통령의 자녀라는 특권의식이나 우월감을 갖지 않을까 하는 것이었습니다. 특별한 보호를 받고 자란다는 평범하지 않은 환경을 늘 염려하면서 가능하면 다른 아이들과 똑같은 생활을 하도록 애를 썼습니다. 조금이라도 저희들이 편한 생활을 하려 하고, 나의 노력 아닌 다른 사람의 도움으로 무슨 일을 해결하거나 물건을 갖게 되는 일을 엄하게 금했습니다."[74]

박근혜의 기억에 따르면 육영수는 청와대에 와서도 가계부를 쓰며 돈을 절약하고, 해어진 옷을 꿰매어 다시 입고, 전기료를 줄이기 위해 불을 끄러 다니는 등의 행동을 했다고 한다. 또한 육영수는 박근혜와 동생들이 남들보다 좋은 학용품, 장난감 등을 가지지 못하게 했다. 박근혜의 동생 박근영이 어느 날 예쁜 신발주머니를 가지고 들어오자 육영수는 다음 날 평소에 쓰던 신발주머니를 가져가게 했다. "지금 네가 가지고 있는 것으로도 충분해. 굳이 다른 친구들에게 없

---

74 박근혜, 《나의 어머니 육영수》, 사람과사람, 2000.

는 걸 들고 다닐 필요가 있니?" 박근혜의 동생 박지만은 자가용이 아니라 늘 시내버스나 전차로 통학했고, 박근혜도 도시락에 특별한 반찬 없이 일반 서민들이 먹는 반찬을 싸가지고 다녔다. 박근혜가 성심여중에 다니던 시절, 반 친구들이 청와대에 놀러왔는데 박근혜의 방을 보고 "공주처럼 꾸며놨을 줄 알았는데 우리랑 다를 게 없잖아"라고 말했다고 한다.[75]

사람들이 지도자의 리더십을 수용하는 순간은 그 지도자가 앞장서서 실천하고, 자신과 다를 게 없다는 것을 보여줄 때이다. 1970년대 박정희 정권은 비싼 쌀 대신 다른 것을 섞어 먹는 '혼식'을 통해 절약을 하자는 캠페인을 전개했다. 이때 육영수는 스스로 보리떡국을 개발하여 혼식에 기여하고자 했다. 육영수는 대통령이 국민에게 일방적으로 절약을 강요하는 게 아니라 대통령의 가족도 절약하는 삶을 살고 있다는 것을 보여주었고, 자식들에게 이를 교육했다. 박근혜는 중학생 시절 기숙사 생활을 했는데, 기숙사 생활을 하다 오랜만에 집에 오자 육영수가 푸짐한 밥상을 차려주었다고 한다. 이를 본 박근혜는 육영수에게 "어머니, 이렇게 잘 차려주시지 않아도 돼요. 우리가 신당동으로 돌아간 후에는(대통령에서 서민으로 돌아간 후에는) 어떻게 하시려구요?"라고 말했다.[76] 이 말에 육영수는 한시름을 놓았다며 눈시울을 붉혔다고 한다. 육영수는 대통령과 대통령의 가족이

---

75 박근혜, 《절망은 나를 단련시키고 희망은 나를 움직인다》, 위즈덤하우스, 2007.
76 박근혜, 《절망은 나를 단련시키고 희망은 나를 움직인다》, 위즈덤하우스, 2007.

특혜를 누리는 집단이 아니며, 언젠가는 일반 서민으로 돌아가야 할 사람이라는 점을 자식들에게 강조했다.

박근혜 지지자들은 그런 교육을 받은 박근혜 역시 청렴하고 사익을 추구하지 않을 것이라고 말한다. 이명박과 이명박이 임명한 관료들은 청문회에서 늘 불법으로 취득한 재산 때문에 야당 의원들의 공격을 받았다. 하지만 박근혜는 아버지와 과거사 때문에, 독재니 불통이니 수첩공주니 권위적이니 하며 욕을 먹긴 해도, 재산 문제에 관해서는 별다른 공격을 받지 않는다. 바로 그렇기 때문에 그녀가 알고 보니 다양한 편법과 불법 행위로 재산을 취득했다는 사실이 밝혀지면(실제로 육영재단이나 정수장학회를 둘러싼 박근혜의 '재산' 문제에 대해 문제제기가 있었다), 박근혜의 지지율은 크게 흔들릴지도 모른다.

박근혜는 실제로 청렴한 모습을 보여주었다. 대부분의 국회의원들은 비행기를 탈 때 비즈니스석을 이용하지만, 박근혜는 이코노미석을 고집한다. 박근혜는 지역구인 대구로 내려갈 때 종종 열차를 이용한다. 국회의원은 열차를 무료로 이용할 수 있지만 박근혜는 꼬박꼬박 요금을 낸다고 알려져 있다.

또 박근혜는 음식 남기는 것을 싫어해 먹을 만큼만 시키고, 다 먹는 습관이 있다. 총선 지원유세 시절 박근혜의 비서가 시민이 건네준 건강음료를 버리자 박근혜는 비서를 크게 혼냈다고 한다. 먹을 것을 함부로 버리는 것은 낭비라는 박근혜의 원칙을 어겼기 때문이다.

2002년 자택을 개방했을 때 많은 사람들은 박근혜의 집을 보고 검소하고 청렴하게 산다고 감탄했다. 텔레비전은 30년이 된 '골드스타'였고, 전화기는 산 지 20년이 넘은 제품이었다. 인터넷에 공개된 박근혜의 침실 화장대에는 15년이 넘은 소형 카세트만 썰렁하게 놓여 있다. 화장대 의자도 식탁용 의자였다 박근혜의 핸드백에는 20년이 된 손거울이 있다.[77] "박근혜 화장대는 요즘 유행하는 고가의 앤티크 스타일이 아닌 평범한 하얀색 싸구려 모던 스타일이다. 정말 검소한 생활에 나는 놀라지 않을 수 없다. 그런 절약정신은 바로 부친인 박 대통령, 육 여사로부터 물려받은 덕목일 것이라고 단정한다." (네티즌 최활식)[78]

기자 시절 박근혜를 인터뷰한 박영선 민주통합당 의원은 그의 인터뷰집에서 다음과 같이 말했다. "박근혜가 입고 나왔던 원피스는 어깨를 부풀린(흔히 뽕소매라고 말하는) 아주 오래된 것이었다. 그 어깨 부풀린 하얀 뽕소매 원피스를 보면서 나는 '참 검소하다'고 생각했다. 그러나 누군가는 과거의 이미지를 고수하려는 계산된 것이라 했다. 나는 검소하다는 쪽에 무게를 두는 편이지만 세간의 이목은 그것을 그렇게 단순하게만 바라보지는 않았다."[79]

이처럼 박근혜는 고귀함을 뽐내는 동시에 검소함, 청렴함을 내세우며 자신이 서민의 편이라는 사실을 보수 세력에게 보여주었다. 강력한 리더십을 지녔으면서 저잣거리로 나와 백성의 목소리를 듣고, 소박한 식사를 하는 그런 성군. 보수 세력과 지지자들은 박근혜에게

---

77 천영식, 《나는 독신을 꿈꾸지 않았다》, 북포스, 2005.
78 김인만, 《울지 마세요 박근혜》, 바른길, 2004.
79 박영선, 《박영선의 인터뷰 사람 향기》, 나무와숲, 2002.

서 그런 성군의 모습을 보는 게 아닐까?

박근혜의 국가는 어떤 모습일까?

우리는 이 지점에서 '국가의 역할은 무엇인가'에 대해 고민해볼 필요가 있다. 자원의 분배와 배분을 전적으로 시장에 맡기는 신자유주의와 경쟁의 논리가 팽배한 지금, 국가의 역할에 대해 말하는 것이 소용없다고 여길지도 모르겠다. 노무현 대통령은 '권력은 시장에 넘어갔다'라는 말까지 했다. 하지만 역설적으로, 시장 논리와 경쟁 논리가 사회 전체에 팽배해져갈수록 국가의 역할에 대한 사람들의 기대는 점점 높아진다. 신자유주의와 경쟁은 필연적으로 패배자를 양산한다. 사람들은 자신이 패배자가 될 수도 있다는 불안감에 시달린다. 그 불안감이 커질수록 국가에 대한 기대와 요구는 늘어난다. 시장의 패배자들에게 손을 내밀어줄 국가! 시장의 지배자인 자본과 기업을 물리쳐줄 국가!

그 국가는 자본과 기업으로부터 자유로워야 한다. 국가의 통치자들이 자본의 권력에 얽매여 있거나 자본과 이해관계를 공유한다면, 그 국가는 국민을 자본과 기업으로부터 지켜줄 수 없으며 경쟁의 '잠재적' 패배자인 서민들의 손을 잡아줄 수 없다. 사람들이 쉽게 떠올릴 수 있는 이런 국가는 박정희다. 박정희에게는 대기업을 통제하는 힘이 있었다. 경제 성장을 통해 서민들의 배를 채워주었다.

박근혜 역시 자신의 서민 지지자들에게 이런 기대를 받고 있는 게 아닐까? 그녀는 청렴하며 사익을 추구하지 않고, 국가와 국민에 대한 사랑이 몸에 밴 정치인이다. '박근혜라면, 박근혜의 국가라면 자본과 기업, 시장의 지배자들에게서 서민들을 지켜줄 수 있지 않을까?' 박근혜는 2011년 새누리당 비상대책위원회 위원장으로 취임했고, 비상대책위원 중 한 명으로 김종인을 임명했다. 김종인은 노회한 경제 관료로, 국가가 자본과 기업을 통제하던 시절에 활약했다. 노태우 정부 시절 국가의 시장 개입을 정당화하는 조항을 헌법에 집어넣었던 인물이다. 박근혜는 김종인을 통해 자신의 국가가 시장의 지배자들을 통제하고, 서민들에게 살기 좋은 세상을 만들어줄 것이라는 확신을 준 셈이다.

김종인 역시 박근혜의 이런 강점에 대해 잘 알고 있다. 채널A〈박종진의 쾌도난마〉에 출연한 김종인은 "왜 박근혜와 같이 일하게 됐느냐"는 질문에 "박근혜가 '물질이나 권력'에 대한 탐욕이 없기 때문에 지지한다"고 말했다. 물질이나 권력에서 자유로운 박근혜의 국가야말로 자본을 강력히 통제하고 서민의 손을 잡아줄 수 있는 국가라는 것이다.

박근혜 지지자들이 박근혜를 지지하는 이유는 박근혜가 자신의 문제를 해결해줄 수 있다고 믿기 때문이다. 박정희와 육영수가 그랬듯이 말이다. 그리고 이런 박근혜에 대한 믿음은 '강력한' 국가에 대한 기대와 일맥상통한다.

박근혜, 신뢰와 원칙의 정치인?

정치인에게 가장 중요한 요소 중 하나는 '신뢰'다. 아무리 좋은 정책과 구호를 내세우는 정치인이라도, 사람들이 그 정치인을 믿지 못한다면 그 정치인은 자신의 정책과 구호를 실행에 옮길 수 없다. 박근혜가 가진 강점 중 하나도 지지자들이 그녀를 절대적으로 '신뢰'한다는 것이다.

동아시아연구원(EAI) 등이 2007년과 2009년 각각 전국 성인남녀 944명과 800명을 대상으로 유력 정치인의 신뢰도를 조사한 바에 따르면 박근혜 전 대표는 2007년 조사에서는 조사 대상 정치인 11명 중 2위(1위 이명박)에, 2009년 조사에서는 조사 대상 정치인 10명 중 1위(2위 김대중, 3위 이명박)에 올랐다. 2009년 박근혜에 대한 신뢰도 점수(10점 만점)는 5.01점으로 3~4점대인 다른 정치인들과 격차를 보였다. 박근혜에 대한 제1의 긍정적 이미지인 '원칙과 신뢰'는 다수 국민에게 공감을 얻고 있다는 점이 실증된 것이다.[80]

박근혜 역시 신뢰를 가장 중요한 가치관으로 내세운다. 사람을 평

---

80 허만섭, 〈[지방선거 그 후 '위기 or 기회'] 박근혜 심층탐구 ②] 노변정담: 진중권·김민전·이종훈 차기 대선 전망과 박근혜의 경쟁력〉,《신동아》 610호.

박근혜가 배신한 정치인들에게 한 말들

"배신하는 사람의 벌은 다른 것보다 자기 마음 안에 무너뜨려서는 안 되는 성을 스스로 허물어뜨렸다는 점, 그래서 한 번 배신을 함으로써 배신을 하지 않으려는 저항감이 점점 약해진다는 점, 그럼으로써 두 번째, 세 번째 배신이 수월해진다는 바로 그 사실이다."

1981년 9월 30일 일기

"유신 시절에 책임이 막중한 자리에 앉았던 정치인들 중에는 유신을 죄악시하는 요즘의 풍토 때문인지는 몰라도 '나는 그때 반대를 했다. 내가 그때 무슨 힘이 있어 반대를 할 수 있었겠느냐'고 발뺌을 하는 경우가 쉽게 목격되고 있습니다. 그런 분들에게 저는 자신이 진실로 나쁜 체제라고 생각했다면 왜 그때 그 자리를 물러나지는 않았었는가를 묻고 싶어요. (…) 그렇게 판단력이 시대에 따라 변질되고 흐린 사람은 앞으로 다시는 공직을 맡으면 안 될 것입니다."

《여성동아》 1989년 1월호

"당시(10 · 26 이후) 아버지의 가장 가까이 있던 사람들조차 싸늘하게 변해가는 현실은 나에게 적지 않은 충격이었다. 온갖 비화가 봇물 터지듯 신문과 잡지를 장식했다. 비화를 증언한다면서 L씨, K씨, P씨 등의 익명을 쓰는 경우가 허다했다. (…) 사람들은 뚜렷한 신념 없이도 권력을 좇아 이쪽과 저쪽을 쉽게 오갔다.

(…) 사람이 사람을 배신하는 일만큼 슬프고 흉한 일도 없을 것이다. 상대의 믿음과 신의를 한 번 배신하고 나면 그다음 배신은 더 쉬워지며, 결국 스스로에게 떳떳하지 못한 상태로 평생을 살아가게 된다."

박근혜,《절망은 나를 단련시키고 희망은 나를 움직인다》

가하는 기준 세 가지 중 첫 번째로 '신뢰할 수 있는가'를 내세웠고(나머지 두 가지는 최선을 다하나, 진취적인가) 무책임하고, 거짓말하는 사람이 꼴불견이라고 말했다. 인간관계에서 가장 중요한 것은 신뢰이며, 믿었던 사람이 다른 행동을 할 때 허무함을 느낀다고 말하기도 했다.[81]

박근혜는 신뢰할 수 없는 사람을 싫어한다. 가장 신뢰할 수 없는 사람은 배신하는 사람이다. 신의 없는 배신자를 경멸하는 태도는 박정희가 죽은 뒤 형성된 것처럼 보인다. 박정희를 모시던 정치인들이 유신을 비판하자 박근혜는 극심한 배신감을 느낀다.

이때 느낀 배신감 때문인지 박근혜는 늘 신뢰를 강조하고, 사람들에게 신뢰를 주기 위해 한 번 한 약속은 꼭 지키고, 원칙에 따라 행동해야 한다는 점을 강조한다. 그리고 지지자들이 자신을 신뢰할 만한 정치인이라고 믿을 만한 모습을 보여준다.

무언의 정치 vs 신뢰의 어법

박근혜의 정적들과 박근혜를 싫어하는 사람들이 박근혜를 비판하는 가장 주된 잣대 중 하나는 박근혜가 중요한 사안에 대해 말을 하지 않는다는 것이다. 박근혜의 어법은 늘 '까임'의 대상이다. 박근혜가

---

81 이지선, 〈박근혜 '첫사랑은 언제' 질문에 답이…〉, 《경향신문》, 2012.7.10.

영향력 있는 정치 지도자로서 밝혀야 할 입장을 잘 드러내지 않은 채 신비주의를 내세우며 침묵한다는 것이다. 박근혜는 사안에 대해 말을 아끼거나 수첩에 적힌 애매한 말들을 쏟아내고, 박근혜의 측근들이 박근혜의 입을 자처하며 자신의 주군이 한 말이 무슨 뜻인지 해석해 준다. 기자가 MBC 파업에 대해 묻자 박근혜는 "안타깝게 생각한다" 는 이도저도 아닌 말을 했고, 친박 의원들과 언론이 박근혜의 이 말 이 '사실상 MBC 사장 김재철에 대한 비토를 선언한 것'이라고 해석 해주었다.

　상황이 이렇다보니 정치·사회적인 사건이 터질 때마다 '박근혜 대표는 입장을 밝혀라'라고 말하는 것이 진보 진영 정치인들의 단골 레퍼토리가 됐다. 이찬열 민주통합당 의원은 "책임 있는 정치인이라 면 응당 국가 중요 정책에 대해 입장을 밝혀야 한다"며 박근혜에게 4대강 사업에 대한 입장 표명을 요구했다.[82] 지난 2011년 전국에 반 값등록금 열풍이 불었을 때 민주통합당 정동영 의원 역시 박근혜의 "분명한 입장 표명이 필요하다"고 주장했다.[83] 민주통합당 이상민 의 원도 민간인 불법사찰과 내곡동 사저 의혹에 대해 언론 인터뷰를 하 는 와중에 박근혜가 "예민한 문제가 있을 때마다 뒤로 빠져서 묵묵 부답으로 일관하고 심미주의에 빠져 있다"고 말했다.[84] 민주통합당 손학규 전 의원은 박근혜가 '무언(無言)의 정치'를 하고 있다고 비판

82　곽상아, 〈4대강 사업에 대한 박근혜의 입장은?〉, 《미디어스》, 2010.10.22.

83　김완, 〈'반값 등록금', "박근혜의 입장은 무엇인가?"〉, 《미디어스》, 2011.6.20.

84　이상민, 〈박근혜, 문제 있을 때마다 묵묵부답 일관〉, 《경향신문》, 2012.6.13.

했다.[85] 통합진보당 이정희 전 대표는 박근혜에게 "4대강 사업 등 국민이 궁금해하는 문제에 대해 적극적으로 답하는 것이 필요하다"고 말했다. 이정희는 4대강 외에도 감세 정책, 민주주의, 인권문제에 대해서도 박근혜가 입장을 밝혀야 한다고 주장했다.[86] 이 외에도 박근혜는 이명박 정부가 일본과 한일군사협정을 체결했을 때도, MBC 파업 사태가 터졌을 때도 사안에 관한 입장을 밝히라는 비판을 받았다.

진보 진영에서만 박근혜의 이런 어법을 비판하는 것이 아니다. 한나라당 여의도연구소장을 지낸 윤여준 전 장관도 "국가적 아젠다고 국민적 관심사인 4대강 사업에 대해 분명한 입장 표명이 있어야 한다"고 말했다.[87] 한 친박 중진 의원 역시 박근혜의 "중요 정치적 국면마다 막판에 자신의 입장을 밝히는 '한마디 정치' 행태"[88]를 비판했다.《조선일보》역시 사설을 통해 "박 전 대표는 왜 내키는 주제에 대해 하고 싶은 말만 하고, 국민이 박 전 대표에 대해 궁금한 일을 물을 기회는 만들지 않느냐는 것이다. 그래서 거북한 주제를 피하려 한다는 느낌을 준다"[89]라고 말했다.

하지만 박근혜 비판자들이 말하는 바로 이 '어법'과 '무언의 정치'야말로, 박근혜가 사람들에게 '신뢰'를 주는 요인 중 하나다. 시사평론가 이종훈은 "촌철살인의 한마디를 해서 공감을 불러일으키는 측

85　이유미, 〈손학규 "박근혜 無言정치, 더한 독재는 없다"〉,《연합뉴스》, 2012.7.12.
86　고성국, 〈'박근혜 철학'은 존재하는가?〉,《프레시안》, 2010.11.1.
87　고성국, 〈'박근혜 철학'은 존재하는가?〉,《프레시안》, 2010.11.1.
88　최경운, 〈"박근혜 너무 나갔나" 친박(親朴) 진영, 길을 묻다〉,《조선일보》, 2009.8.4.
89　〈박근혜, 이젠 내키지 않는 질문에도 답할 때〉,《조선일보》, 2011.2.13.

면은 분명히 있다"고 말했다. 문화평론가 진중권은 박근혜의 "커뮤니케이션 방식이 굉장히 재미있다"며, "아무 말도 안 하면서 할 말 다 하거든요"라고 말했다.[90] 친박연대 이규택 대표는 "박근혜 전 대표의 정치적 리더십은 '신뢰', 국민과의 약속에서 나온다"며 "조용하고 부드러운 카리스마, 한마디에서 나오는 천금 같은 무게"가 박근혜의 매력이라고 말했다.[91]

《경향신문》은 2007년 올해의 인물로 박근혜를 선정했다.《경향신문》은 박근혜를 선정한 이유로 "눈앞의 이익보다는 대의를 존중하는 원칙"과 "파괴적 정치적 언어의 홍수 속에서도 중심을 지키는 절제"라고 밝혔다. 박근혜의 말에 '절제미'가 있다는 것이다. "그는 온갖 복선과 간지(奸智)가 덕지덕지 묻어나고, 상대의 가슴을 후벼 파는 폭언이 난무하는 우리의 정치언어 환경 속에서 간명하고 핵심적인 어법으로 주위를 압도했다. 이회창 전 한나라당 총재의 출마라는 사실상의 경선 불복에 대해 '정도가 아니다'라고 짤막하게 언급한 것 등이 대표적인 사례이다."[92]

우리는 어떤 사람에게서 신뢰감을 느끼는가? 밥 먹듯이 이명박을 비판하면서 "모든 조치를 취해 막겠다"고 주장하는 민주당의 말보다 평소에는 조용히 있다가 가끔 한 번씩 "적절치 않다고 생각합니다"

---

90 허만섭, 〈[지방선거 그 후 '위기 or 기회' 박근혜 심층탐구 ②] 노변정담 : 진중권·김민전·이종훈 차기 대선 전망과 박근혜의 경쟁력〉,《신동아》610호.

91 강경지, 〈이규택 "박근혜 전 대표의 리더십은 '신뢰'서 나와"〉,《뉴시스》, 2009.11.30.

92 〈'올해의 인물 박근혜'가 말해주는 것〉,《경향신문》, 2007.12.26.

라고 말하는 박근혜의 말이 더 큰 힘을 발휘한다.

　박근혜를 비판하는 이들에게 침묵하는 박근혜는 '100단어 공주'
(100단어로밖에 말을 못한다)이지만, 박근혜 지지자들은 이런 박근혜에
게 홀딱 반했다. 박근혜 지지자들의 박근혜 찬가를 모은 책《울지 마
세요 박근혜》에 실려 있는 주옥같은(?) 구절들을 보자.

"그는 정치적 반대자들이 푸접 없이 내쏘는 말에도 웃음으로 답한다. 온
갖 험한 말을 포달지게 퍼부어도 끄덕하지 않는다."

"유달리 말수 적고 말싸움 모르는 정치인이 있다. 한나라당 박근혜 대표
다. 말도 많고 탈도 많은 정치 무대에서 박 대표는 별종 같다고 할 만큼
말하기를 즐겨하지 않는다. 큰일을 당해도 좀체 흥분하거나 목소리를 높
이는 일이 없다."

"그녀의 말은 군더더기가 없다. 누구나 쉽게 알아들으므로 말 바꿈의 여
지도 없다. 높낮이가 없어 대중을 휘어잡지 않는다. 다만 가는 방향이 뚜
렷하다. 조용히 스며드는 물과 같다. 믿음은 거기서 생긴다."

"화려한 언변, 끊임없이 쏟아내는 다변, 당장을 이익을 위한 립 서비스 등
정치인들의 이벤트성 쇼맨십에 국민들은 식상해 있다. 거기에 비해 말을
무척 아끼는 근혜 님의 신중함은 미래의 불확실성으로 불안감에 젖어 있
는 국민들에게 큰 위로를 주고 있다. '믿을 수 있는 정치'를 조용히 실천
해가고 있다는 점에서 근혜 님은 확실히 신선한 존재다."[93]

93　김인만,《울지 마세요 박근혜》, 바른길, 2004.

정치를 혐오하는 사람들 입장에서 정치인들은 선거 때마다 지키지도 않을 공약과 허세를 일삼으며 뻔뻔한 거짓말을 해대는 존재들이다. 그러나 박근혜는 이들과 달리 신중함의 대명사로 꼽힌다. 이런 신중함을 통해 박근혜는 다른 정치인들의 '거짓말'과 대비되는 '신뢰'를 얻는다.

고집불통 vs 원칙과 소신

박근혜가 지지자들에게 신뢰를 받는 이유는 단순히 그녀의 어법 때문이 아니다. 박근혜 지지자들은 박근혜가 '말'뿐만 아니라 '행동'으로 자신이 믿을 만한 정치인이라는 점을 보여주었다고 말한다. 그 행동이란 바로 '원칙'과 '소신'에 따라 행동하는 것이다. 원칙과 소신이 없는 사람은 신뢰를 받기 힘들다. 원칙 없이 이랬다저랬다 하는 사람은 말과 행동이 '예측 불가능'하고, 소신이 없는 사람은 이랬다저랬다 하면서 자신의 행동을 합리화하기 때문에 신뢰하기 어렵다. 친박계 최고의원을 지낸 허태열은 "우리 사회에는 '대한민국은 반칙의 역사' '수단방법 가리지 않는 물신주의' 등을 믿는 흐름이 있다. 이걸 극복해야 선진국이 된다"며 박근혜에게는 이를 극복하기 위한 정도(正道)와 원칙에 의한 리더십이 있다고 주장했다.[94]

---

94 조성관, 〈박근혜, 2년간은 나서지 않을 것〉, 《위클리조선》, 2031호.

박근혜는 늘 정치인이라면 이익과 손해를 따지지 않고 원칙과 소신에 따라 행동하고, 이를 국민에게 심판받아야 한다고 주장했다. 17대 총선 비례대표 공천을 앞두고 한나라당 대표였던 박근혜는 자신의 소신에 따라 정당 개혁을 밀어붙였다. 그리고 당 개혁을 위해 당대표의 공천권 포기를 선언했다. 그러자 다른 의원들이 박근혜를 찾아와 "이건 당대표에게 손해가 되는 일입니다", "진짜 공천권을 포기하면 안 됩니다. 정치는 쇼입니다"라고 말했다고 한다. 박근혜는 그들의 말에 반발하며 "나는 옳다고 생각하면 해야 한다. 손해를 보더라도 소신을 굽힐 수 없다"고 말했다.[95]

이렇게 원칙과 소신을 좋아하는 박근혜가 '전략'이라는 말을 싫어하는 것은 당연하다. 박근혜는 전략을 '속임수'와 비슷하게 생각한다고 한다. 가식이나 포장도 싫어한다. 언젠가 측근 중 한 명이 "정치인은 '18번'(즐겨 부르는 노래)이 있어야 한다"면서 노래를 하나 정해서 팬 카페에 올리자고 건의했다. 하지만 박 전 대표는 "특별히 좋아하는 노래가 없다"고 거절했다. '쇼'는 안 하겠다는 것이다. 박근혜에게 "이렇게 하면 '유리하다'거나 이렇게 하면 '표를 받을 수 있다'"는 말을 하면 면박을 당한다. 2007년 한나라당 대통령 경선 규칙을 정할 때 협상에 나갔던 박근혜 측근이 박근혜에게 "이 안을 받아들이면 불리하고, 이렇게 해야 유리하다"고 말했다. 그러자 박근혜는 "유리하다 불리하다고 말하지 말라. 어떤 게 당헌 당규에 맞는 것이냐, 무

---

95 박근혜, 《절망은 나를 단련시키고 희망은 나를 움직인다》, 위즈덤하우스, 2007.

엇이 옳은 것이냐"고 물었다. 그의 측근들은 "지금도 박 전 대표를 설득하려면 '이렇게 하는 게 유리하다'는 표현보다, '이렇게 하는 게 옳다'고 말해야 한다"고 입을 모은다.[96]

이러한 소신과 원칙을 다른 말로 하면 '고집'이고 '불통'이다. 박근혜의 비판자들은 박근혜가 자신만의 세계에 갇혀 다른 의견을 가진 이들과 소통하지 못한다고 목소리를 높인다. 박근혜의 '무언의 정치'에 가장 불만을 품는 이들은 기자들이다. 《프레시안》이 여론조사 전문기관 윈지코리아컨설팅에 의뢰해 언론사 정치부 기자 222명에게 대선 후보 선호도 여론조사를 했다. '대통령이 돼서는 안 될 후보가 누구냐'는 질문에 대한 응답에서 박근혜 의원이 35.6%로 압도적 1위를 했다.[97] 윤여준 전 환경부장관은 그 이유가 '불통' 때문이라고 해석하며, "박 전 위원장의 말을 보면 '내가 말하면 끝'이라고 하는 등 의사결정 구조가 투명하지 않다든가 하는 걸 느낀다"[98]고 말했다. 새누리당 출입 기자마저 박근혜와 통화 한 번 하기 힘들다고 하니, 기자들의 응답은 충분히 일리가 있다.

《미디어스》김완 기자는 "박근혜의 정치 역정은 긍정적으로 말하면 원칙과 고집이고, 나쁜 말로 하면 낙장불입, 복지부동"이라며 박근혜가 "한 번 결정한 것을 잘 바꾸지 않고, 자신의 결정에 반발하는 것을 용납하지 않는 스타일이다"라고 말한다. 이런 모습이 고집과 폐

---

96 성한용, 〈감정 절제된 수직 리더십, 불만 땐 '레이저 광선'〉, 《한겨레》, 2011.8.11.
97 곽재훈, 〈정치부 기자들이 꼽은 '차기 대통령감' 1위는?〉, 《프레시안》, 2012.7.1.
98 황준범, 〈윤여준 "박근혜, '내가 말하면 끝' 느껴져"〉, 《한겨레》, 2012.7.3.

쇄성으로 읽힌다면 박근혜의 정치에는 결코 동의할 수 없게 된다는 것이다.[99]

박근혜가 20대 젊은이에게 인기가 없는 이유도 그녀의 '불통' 때문이라는 지적이 많다. 인터넷이나 각종 네트워크를 통해 대화하고 교류하기를 좋아하는 젊은이들 입장에서 자신의 생각을 잘 말하지 않고, 지나치게 신중하게 말하는 박근혜가 답답해 보인다는 것이다. "박근혜의 소통에 있어서 상대적으로 소극적인 태도는 서로 끊임없이 소통하고 싶어 하는 젊은 층들에게 답답한 기성 정치인으로 보일 수밖에 없다. (…) 현재 박근혜는 일반적으로 특히 젊은 유권자에게 '자신만의 세계에 갇혀 있다는' 느낌을 준다."[100]

박근혜 비판자들이 박근혜의 '불통'을 가장 많이 비판했던 시기는 2012년 새누리당 대통령 후보 경선 때였다. 새누리당 대통령 경선 방식은 2007년 대선 때 결정되었다. 당원과 대의원의 표심을 50%, 선거인단으로 등록한 일반 국민의 표심을 50% 반영하여 대통령 후보를 선출한다. 이에 대해 비박 주자들, 박근혜를 제외한 새누리당 대통령 후보들(이재오, 정몽준, 임태희, 김문수, 김태호, 안상수)은 완전국민경선제, 즉 선거인단으로 등록한 일반 국민의 표심을 100% 반영하여 대통령 후보를 결정하자고 주장했다. 박근혜 캠프는 말도 안 되는 소리라며 동의하지 않았다. 박근혜는 "경기 룰을 보고 선수가 거

99   김완, 〈새누리당 당명 파문과 박근혜 리더십〉, 《미디어스》, 2012.2.8.
100   강원택, 서울대 정당론 수강생, 《서울대생들이 본 2012 총선과 대선 전망》, 푸른길, 2012.

기 맞춰서 경기를 하는 거지, 매번 선수에게 룰을 맞춰서 하는 것은 말이 안 되죠"라고 말했다. 비박 주자들은 대선 경선 규칙은 늘 대선 주자들 간의 협상을 통해 바꿔온 거라면서, 박근혜가 대화나 협상도 없이 일방적으로 거부하는 것은 불통이고 독선이라고 비판했다. 비박 주자 측 한 인사는 "박 전 대표가 원칙을 지키면서 소통을 할 수도 있는데 박 전 대표가 경선 룰에 대해 자신이 생각하는 바를 왜 다른 비박 주자들과 얼굴을 맞대고 얘기 한 번 하지 않았는지 이해하기 어렵다"고 말했다.[101] 《한겨레》는 이런 박근혜와 비박 주자들 간의 경선 갈등에 대해 '박근혜 일방통행', '독선' 등의 표현을 써가며 비판했다.[102] 민주통합당과 통합진보당 역시 박근혜가 불통과 독선으로 일관하고 있으며, 새누리당의 대선 경선이 '박근혜 추대식'이 될 것이라고 비판했다.

박근혜와 박근혜 지지자들은 이런 비판에 대해 '원칙'을 강조했다. 비박 인사들의 '독재', '불통'이라는 비판에 친박 인사들은 '원칙의 정치'라고 받아쳤다. 《조선일보》는 박근혜가 완전국민경선제를 주장하는 비박 주자들의 요구를 일부분이라도 수용하지 않으면 자신이 비판받게 된다는 사실을 알고 있지만, "당장은 손해를 보더라도 완전국민경선제가 원칙에 어긋나기 때문에 수용할 수 없다는 입장을 고수했다"고 주장했다.[103] 경선 룰에 항의하는 의미로 대선 주자였던 이

---

101 권대열, 김봉기, 〈박근혜, 고비 때마다 '마이웨이' 이번에도 통할까〉, 《조선일보》, 2012.6.26.
102 김성재, 〈새누리당 경선룰 확정… 박근혜의 '원칙'은 '일방통행'〉, 《미디어스》, 2012.6.26.
103 권대열, 김봉기, 〈박근혜, 고비 때마다 '마이웨이' 이번에도 통할까〉, 《조선일보》, 2012.6.26.

재오와 정몽준이 경선 불참을 선언하자, 박근혜는 "자신이 바라는 대로 이뤄지지 않았다고 해서 상대방을 비난하는 건 옳은 태도는 아니라고 생각한다"며 "불통과 소신은 엄격히 구분돼야 한다. 둘은 다른 것"이라고 말했다.[104]

박근혜가 원칙과 소신을 내세운 것은 하루 이틀 일이 아니다. 박근혜는 다른 당과 협상을 하기 전, 늘 수첩에 유연성을 발휘해도 되는 부분과 절대 양보해서는 안 되는 마지노선을 기록한 다음 이 수첩을 보면서 협상을 하는 것으로 알려져 있다. 2004년 말 노무현 정부가 추진했던 4대 개혁법안 협상을 위해 4당 대표(한나라당, 열린우리당, 민주당, 민주노동당)가 모였을 때도, 박근혜는 이 수첩을 들고 갔다. 여당인 열린우리당은 박근혜가 유연성 없이 수첩에 적힌 대로만 행동한다면서 박근혜를 '수첩공주'라고 불렀다. 수첩공주라는 박근혜의 별명은 이때 탄생했다. 박근혜는 이에 대해 "여당의 주장대로라면 수첩공주는 소신의 수첩, 원칙의 수첩이며 수첩공주는 소신과 원칙을 지키는 여성 정치인"이라며 수첩공주가 별로 기분 나쁘지 않은 별명이라고 말했다.[105]

따라서 박근혜에게 원칙과 소신에 따라 신중하게 결정한 사항을 뒤집거나 번복하는 것은 용납할 수 없는 일이다. 약속을 뒤집거나 어기면 신뢰를 잃어버리기 때문이다. 박근혜는 2012년 대선 출마를 선

---

104 〈박근혜 문답 "불통과 소신은 엄격히 구분돼야"〉, 《연합뉴스》, 2012.7.10.

105 박근혜, 《절망은 나를 단련시키고 희망은 나를 움직인다》, 위즈덤하우스, 2007.

언하며 북한과 '신뢰 프로세스'를 형성하겠다고 밝혔다. 그리고 이 신뢰 프로세스는 기존에 북한이 국제사회와 약속한 사항들을 잘 이행하고, 미국과 중국, 일본, 한국 등도 북한과 약속한 사항을 잘 이행함으로써 만들어질 수 있다고 말했다. 또한 박근혜는 "역대 정권의 7·4 남북공동성명이나 남북기본합의서, 6·15 남북공동선언은 기본적으로 다 지켜져야 한다"며 "그것도 못 지키면서 새로운 약속을 해서 신뢰를 쌓겠다는 것은 말이 안 된다"고 말했다.[106]

박근혜는 이명박 정부가 공약으로 내세우고도 이행하지 않은 것들에 대해서도 "약속을 지켜야 한다"는 입장을 고수했다. 새누리당과 이명박 정부는 2012년 초 0~2세의 영유아 무상보육을 약속하고 법안을 통과시켰으나 재정이 없다는 이유로 무상보육을 시행하지 않았다. 이에 대해 박근혜는 "0~2살 보육 지원은 정부가 약속한 거고, 할 수 있으니 한 것이라서 반드시 지켜져야 한다"고 말했다.[107] 또한 이명박은 2007년 대선에서 '동남권 신공항'을 공약으로 내걸었다가 경제성 등을 내세워 백지화했다. 박근혜는 백지화에 반대하며 동남권 신공항을 자신의 대선공약으로 내걸겠다는 입장을 취했다. 박근혜는 동남권 신공항 백지화에 관해서 "이번 결정은 국민과의 약속을 어긴 것이라 유감스럽다"[108]며 "앞으로도 국민과의 약속을 어기는 일이 없었으면 좋겠다. 정부나 정치권이 국민과의 약속을 어기지 않아

106 김외현, 〈박근혜, 5·16쿠데타 옹호 비판에 "왜 역사논쟁 계속하나?"〉,《한겨레》, 2012.7.18.
107 황준범, 〈박근혜, 안철수에 대해 묻자 "국민 정치드라마 안 바란다"〉,《한겨레》, 2012.7.10.
108 박지연, 〈박근혜 "신공항 백지화, 국민약속 어긴 것"〉,《뉴시스》, 2011.3.11.

야 예측 가능한 국가가 되지 않겠느냐"[109]라고 말했다. 박근혜가 자신의 주장을 끝까지 밀고 나가며 이명박 정부와 대립각을 드러내지는 않았지만, 국민과의 약속을 지키는 정치인이라는 점을 보여주었다. 그것은 곧 이명박과의 차별점이기도 하다.

이명박을 무릎 꿇리다

박근혜가 자신의 주장을 끝까지 밀고 나가 이명박 정부를 무릎 꿇린 사건도 있었다. 바로 세종시 문제였다. 세종시 사태는 2003년으로 거슬러 올라간다. 2002년 노무현은 대선공약으로 충청남도권 행정수도 이전을 내걸었다. 지나친 수도권 집중과 과밀 현상을 해소하고, 지역경제를 살리기 위해 충남권에 신행정수도를 건설하고, 서울에 있는 주요 국가기관을 신행정수도로 이전하겠다고 발표한 것이다. 노무현은 대통령 당선 이후 이 공약을 추진했고, 2003년 7월 신행정수도특별법을 준비했다. 그리고 2003년 12월 29일 여야가 합의하여 이 법안이 국회에서 통과되었다. 그러나 2004년 10월 21일 헌법재판소는 '대한민국의 수도가 서울'이라는 관습헌법에 근거하여 이 신행정수도특별법이 위헌이며, 수도 이전은 헌법 개정을 통해서

---

109 황장석, 정용관, 〈[동남권 신공항 백지화] 박근혜 "약속 지켜야 예측 가능한 국가"… MB와 차별화 전략〉, 《동아일보》, 2011.4.1.

만 가능하다는 결정을 내린다. 그러자 정부는 법안을 개정하여 정부 행정 부처 중 일부만 충청권으로 이전하는 방안을 모색한다.

한나라당에서는 헌법재판소가 위헌이라는 결정을 내렸으니 노무현 정부의 수도 이전 계획을 백지화해야 한다는 주장이 들끓었다. 반면 정부가 새로 준비한 법안을 여야가 합의하여 통과시키자는 의견도 있었다. 당시 당대표였던 박근혜는 여당인 열린우리당과 협상하여 새로운 법안을 국회에서 통과시키자고 주장했다. 박근혜는 신행정수도특별법이 여야 간의 합의에 따라 국회에서 통과된 법안이기 때문에 이 법안이 위헌 결정을 받은 데에는 한나라당 책임도 있으며, 따라서 행정 수도 이전 자체를 백지화하는 것은 무책임한 태도라고 주장했다. 한나라당 의원 일부는 의원직 사퇴를 하겠다고 버텼고, 심지어 박근혜가 직접 임명한 새누리당 정책위의장 박세일도 사퇴를 내걸고 반대했다. 박근혜는 모든 반대를 무릅쓰고 의원들을 주도하여 열린우리당과 협상에 임하겠다는 안을 당론으로 결정하고 결국 박세일 정책위의장은 사퇴한다. 여야 합의로 노무현 정부는 행정 부처의 일부 이전을 추진할 수 있었고, 2006년 12월 충청남도에 행정중심복합도시 세종특별자치시(약칭 세종시)를 세우기로 결정했다.

그러나 이명박 정부는 행정부처의 세종시 이전 계획을 전면 백지화하려는 움직임을 보였다. 2009년 9월 3일 국무총리 내정자였던 정운찬은 서울대학교에서 열린 기자간담회에서 "세종시는 경제학자인 내 눈으로 볼 때 효율적인 모습은 아니다. 계획을 발표했기 때문에 원점으로 돌릴 수는 없지만 원안대로 추진하지는 못할 것"이라고 말했다. 이어 2009년 10월 17일 이명박 대통령은 "국가백년대계를 위한 정책에 적당한 타협은 없다"라고 말하며 세종시 건설 재검토를 선언했다. 이명박은 대통령 후보 시절 충청도 유세를 다니며 '세종시 원안을 그대로 추진하겠다'고 말하며 충청도의 표심을 얻기도 했다. 그 약속을 완전히 뒤집은 것이다. 박근혜와 친박 인사들은 이런 움직임에 제동을 걸고 나섰다. 박근혜는 "세종시는 보탤 것 없이 뺄 것 없이 원안대로" 해야 하며, "수정이 필요하다면 원안에 플러스알파가 되어야 한다"며 원안을 고수한다는 입장을 확실히 했다.

그러나 이명박 정부는 세종시 원안 재검토를 계속해서 밀어붙였다. 2009년 11월 13일 권태신 국무총리실장은 "사실상 수도분할에 따른 부작용을 막기 위해서도, 행정 중심에서 기업 중심으로 도시 개념을 바꾸기 위한 목적을 위해서도 세종시법 개정은 불가피하다"고 밝혔다. 이명박은 2009년 11월 27일 '대통령과의 대화'에 출연해 "2007년 대선 때 원안 추진을 공약으로 내세웠던 점을 시인하고 사회 갈등과 혼란을 가져온 데에 대해 죄송하다"고 대국민 사과를 했다. 그러나 이명박은 이어 "세계 어떤 나라도 수도를 분할하는 나라는 없다"며 "저 하나가 좀 불편하고 정치적으로 손해를 보더라도 이것은 해야 않겠냐"고 말했다. 욕을 먹더라도 세종시 원안을 폐기하겠다는 말이었다. 마침내 2010년 1월 이명박 정부는 세종시를 행정중심복합도시에서 교육과학중심 경제도시로 전환하는 '세종시 수정안'을 발표했다. 한나라당은 수정안에 찬성하는 의원들과 원안에 찬성하는 의원들로 나뉘어 갈등했다. 이는 한나라당 내 두 계파인 친이

(친이명박계)와 친박(친박근혜계) 간의 갈등으로 이어졌다.

박근혜와 친박 인사들은 세종시 수정안에 반대하고 원안에 찬성하는 입장을 취했다. 국민과의 약속이므로, 이를 수정하면 국민의 신뢰를 잃게 된다는 것이었다. 박근혜는 "정부가 약속한 이상 지키는 것이 원칙"이라며 또다시 '원칙론'을 내세웠다. "세종시는 국회가 국민과 충청도민에게 한 약속입니다. 세종시 문제를 개인적인 정치 신념으로 폄하해선 안 됩니다. 약속을 제대로 지키고 부족하면 플러스 알파로 더 잘되게 해야지, 약속을 어겨서는 안 됩니다." 박근혜의 강력한 반대에 정운찬이 면담을 제안하자 박근혜는 이를 거부하며 다음과 같이 말했다. "국민과의 약속이 얼마나 엄중한 것인지 모르고 하는 말입니다. 설득하고 동의를 구한다면 국민과 충청도민에게 해야지, 내게 할 일이 아닙니다."[110]

박근혜의 대변인 격인 이정현은 "원안 유지 당론은 이미 표결까지 해서 만들어진 것이고, 이것을 바꾼다는 것은 국민을 배신하는 것이며, 당론 변경에 찬성하면 약속을 지키지 않는 사람, 정치인으로 도장 찍힌다"고 말했다. 세종시를 둘러싼 당 내 갈등을 조율해보고자 친박 중진 의원인 김무성이 행정부 대신 대법원 등 7개 독립기관을 세종시로 이전하자는 중재안을 제안했지만, 박근혜는 그마저도 "일고의 가치가 없다"며 일축했다. 박근혜과 친박 인사들은 한나라당이 대통령선거, 지방선거, 총선, 보궐선거, 심지어 당 내 경선 때도 세종

---

110   고하승, 《박근혜 조용한 혁명》, 프런티어, 2012.

시 원안을 그대로 지키겠다는 입장을 내세웠는데, 그걸 모두 무시하고 수정안을 추진하면 한나라당에 대한 신뢰가 땅에 떨어진다고 주장했다.[111]

친박 의원들은 박근혜가 세종시 사태에 강경한 입장을 취하는 이유가 '배신감' 때문이라는 점을 지적했다. 박근혜가 이명박과 이명박의 입장에 동의하는 한나라당 의원(친이 세력)들에게 '배신감'을 느끼고 있다는 것이다. 2007년 대선 때 이명박은 충청권 지지율이 잘 오르지 않자 박근혜에게 충청권 유세를 부탁했다. 박근혜는 자신이 충청권에 지원 유세를 나설 수 있는 '명분'을 달라고 말했고, 이명박은 '세종시 원안 추진' 공약을 내걸었다. 그러자 박근혜는 이명박의 제안을 받아들였고, 충청도를 돌며 이명박을 지원 유세를 했다. 충청도 유권자들을 만나면서 '세종시 원안 추진'을 약속하고, 이명박을 지지해달라고 당부했다. 그런데 이명박이 세종시 백지화를 이야기하자 배신감을 느꼈다는 것이다.

한 친박계 의원은 이명박 정부가 2009년 갑자기 세종시 원안 백지화를 주장한 게 아니라고 말한다. 정운찬 총리는 국회에 출석하여 세종시 관련 질문을 받자 "지난 1년 반 동안 세종시 수정안을 연구해왔다"고 말했다. 이 말대로라면, 이명박은 대선 때는 박근혜의 도움이 필요하니 세종시 원안을 추진하겠다고 약속하고 막상 대통령에 취임하자마자 세종시 원안 백지화를 골똘히 연구했던 것이다. 박근

111 정장열, 〈'좌장' 김무성까지 내친 박근혜의 선택〉, 《조선일보》, 2010.2.23.

혜 입장에서 이명박과 친이 세력은 정치적 신의라고는 조금도 찾아볼 수 없는 사람들이었다. 또한 원안 폐기는 단순히 이명박의 신뢰를 땅에 떨어뜨리는 일이 아니다. 박근혜는 2007년 이명박 지원 유세를 하며 '이명박 후보가 세종시 원안을 추진할 것'이라고 말했다. 이명박의 원안 폐기는 박근혜의 약속을 거짓말로 만드는 것이었다.

박근혜는 끝까지 원안 추진을 주장했고, 세종시 수정안 통과를 막기 위해 의정 활동 후 처음으로 반대토론에 나섰다. 결국 세종시 수정안은 국회에서 통과되지 못했다. 박근혜 지지자들은 박근혜에게 더욱더 열광했다. 박근혜는 충청권에서 신뢰받는 정치 지도자가 됐다. 세종시 사태 때도 박근혜는 반대자들에게서 '제왕적 행태', '독재', '고집불통'이라는 비판을 받았다. 그러나 박근혜는 끝까지 국민과의 약속을 지켜야 한다는 똑같은 말만 뻐꾸기처럼 반복했다. 그리고 원칙과 신뢰의 정치인이라는 영광의 이름을 얻었다.

세종시 문제를 둘러싸고 친이계 정몽준과 박근혜는 이른바 '미생지신(尾生之信)' 공방을 벌였다. 미생지신은 사마천의 《사기》에 나오는 말이다. 춘추시대 노나라에 미생이라는 사람이 있었다. 미생은 사랑하는 여인과 다리 아래에서 만나기로 약속하고, 그녀를 기다렸다. 그러나 그녀는 오지 않았고, 마침 소나기가 내려 다리 아래가 잠기기 시작했다. 그러나 미생은 끝내 자리를 떠나지 않고 다리 아래에서 그녀를 기다리다 죽었다. 2010년 1월 14일 정몽준은 한나라당 최고위원회의에서 이 미생지신 고사를 인용하여 다음과 같이 말했다. "한나라당이 세종시 문제와 같은 현안에 심각한 내부 갈등을 보인다면 국민 입장에서 보통 큰 걱정거리가 아닐 수 없습니다. 의원들이 개개인의 입장을 버리고 국가 전체를 생각하면서 최선을 다하는 모습을 보일 때 신뢰는 새롭게 형성됩니다. 중국에 '미생지신'이라는 말이 있습니다. 미생이라는 젊은 사람이 애인과 약속을 지키기 위해 비가 많이 오는데도 다리 밑에서 기다리다가 결국 익사했다는 고사입니다."

2010년 1월 18일 박근혜는 국회 본회의 개회 직전 기자들과 만난 자리에서 다음과 같이 말했다. "그분(정몽준)도 불과 얼마 전까지 원안당론은 변화가 없다고 말한 것으로 기억합니다. 원안이 정말 나라를 위해 해서는 안 되는 것이라면, 그렇게 공언하시면 안 됩니다. 의원 개인 생각이라면 모르겠으나 당대표니까 문제가 됩니다. 한나라당이 국민의 신뢰를 잃는 것은 책임지셔야 될 문제입니다. 이런 식으로 가다가는 국민의 선택을 받기는커녕 공약조차 제대로 할 수 없는 당이 될 것입니다. 미생은 진정성이 있었습니다. 하여 미생은 비록 죽었지만 후에 귀감이 됐고, 애인은 평생 괴로움 속에서 손가락질 받으며 살았던 것입니다."[112] 미생의 어리석음을 강조한 정몽준과 신뢰와 약속을 강조한 박근혜 중 결국 박근혜가 이겼다.

박근혜가 만일 사사건건 대통령과 대립하면서 자신의 지지율을 올리려 했다면 박근혜 지지자들은 오히려 실망했을 것이다. 하지만 박근혜는 대부분의 경우 같은 당인 이명박의 정책에 아무 말 없이 동의했다. 그러다가 도저히 이건 아니다 싶은 순간 한마디씩 건네

---

112 고하승,《박근혜 조용한 혁명》, 프런티어, 2012.

며 나서곤 했다. 이명박은 세종시 수정안에 반대하는 박근혜를 겨냥하여 "잘되는 집안은 강도가 오면 싸우다가도 멈추고 강도를 물리친다"고 말했다. 박근혜가 한나라당의 분열을 조장한다는 비난이었다. 박근혜는 이에 대해 "백 번 천 번 맞는 이야기입니다. 그런데 집 안에 있는 한 사람이 마음이 변해 갑자기 강도로 돌변한다면 어떡하겠습니까?"라고 대답한다. 많은 경우 원활한 국정운영을 위해 대통령의 정책에 협조하겠지만, 대통령이 국민과의 약속을 지키지 않는 강도짓을 하면 그 강도를 물리치겠다는 뜻이었다.

박근혜가 이명박을 물리치기 위해서만 '원칙'을 내세웠다면 많은 사람들이 박근혜를 신뢰하지는 않았을 것이다. 박근혜는 '원칙'을 내세우며 이명박과 협조하는 모습을 보여주었다. 2007년 한나라당 대선 후보 경선에서 이명박에게 패배한 뒤에는 경선을 수용하고 지원 유세까지 나섰다. 박근혜 지지자들은 바로 이때 정치인 박근혜에 대한 호감도가 확 올라갔다고 말한다. 친박계 김재원 의원은 "박 전 대표가 패배에 승복함으로써 우리나라 민주주의가 한 단계 도약했다는 평가를 받았다"고 말했다.[113] 친박계 유승민 의원도 박근혜가 경선 패배 후 "보통 사람이 흉내도 내지 못할 아름답고 당당한 경선 승복 연설을 선보였다"며 "그녀의 말은 길지도 화려하지도 않지만 엄청난 파워를 가진다. 그래서 약속, 신뢰, 일관성, 원칙, 이런 수식들이 그녀를 따라다닌다"고 말했다.

---

113   김남권, 〈김재원 "박근혜, 시대정신의 첨단에 서 있는 것"〉, 《연합뉴스》, 2011.1.7.

박근혜 캠프 대변인 출신인 이혜훈 의원은 "깨끗한 경선 승복 이후, 박근혜 정치는 온 국민의 뇌리에 '원칙의 정치'로 각인되었다"며 다음과 같이 말을 이었다. "21세기 대한민국엔 원칙의 정치가 절실히 필요합니다. 원칙은 신뢰를 이끌어내는 힘입니다. 정치는 다양한 이해집단들의 갈등을 조정하여 공통분모를 이끌어내는 과정입니다. 노조와 경영진, 전교조와 학부모회, 의사와 약사, 개발론자와 환경론자, 수도권과 지방 등 대립되는 견해를 가진 수많은 집단들을 설득하고 조정해야 하는 정치의 정점에 대통령이 있습니다. 그런데 조정하는 사람에 대한 신뢰가 없다면 누구도 승복하기 어려울 것입니다. 신뢰는 '비록 자신이 손해를 보더라도 원칙과 일관성을 지키는' 모습이 켜켜이 쌓일 때 비로소 싹트기 시작합니다. 편파적이고 자신에게 불리한 규정이지만 당의 결정이라면 받아들이는 모습, 정치적 협상의 지렛대로 충분히 쓸 수 있는 소재라도 원칙에 어긋나면 단호히 배격하는 모습들이 차곡차곡 쌓여, 이제 박근혜식 원칙의 정치가 신뢰의 정치로 승화한 것입니다."[114]

　박근혜 지지자들이 박근혜를 지지하는 이유는 박정희의 딸이자 여성이자 서민의 편인 그녀가 '진짜' 자신들의 편을 들어줄 거라는 믿음 때문이다. 박근혜는 원칙과 소신을 통해 지지자들에게 신뢰감을 주었다.

114　고하승,《박근혜 조용한 혁명》, 프런티어, 2012.

2부

보수는

무엇을 욕망하는가

앞에서 우리는 보수 세력이 왜 박근혜를 지지하는지 살펴보았다. 여태까지 우리는 '현상'을 살펴본 셈이다. 이제 박근혜 지지와 박근혜에 대한 열광이라는 현상 밑에 존재하는 실체에 대해 알아볼 차례이다. 보수 세력, 보수주의자들은 무엇을 욕망하는가? 그리고 한국의 보수주의자들은 무엇을 욕망하고, 어떤 믿음을 갖고 있기에 박근혜를 지지하는가?

대한민국, 보스를 꿈꾸는 보수의 나라

보수주의자는 누구인가

보수란 무엇이고, 또 보수주의란 무엇인가? 한자 그대로 풀이하면 보수(保守)란 지킨다, 보존한다는 뜻이다. 그렇다면 보수 세력은 무엇을 보존하고 무엇을 지키려 하는가? 바로 현 상태의 구조와 전통이다.

서양에서 보수주의는 1789년 프랑스혁명 이후 탄생했다. 프랑스혁명을 지켜보던 영국의 보수주의자 에드먼크 버크는 《프랑스혁명에 관한 성찰》이란 책을 써서 프랑스혁명을 맹렬하게 비판했다. 버크 이후로 보수주의라는 개념이 본격적으로 세상에 나타난 셈이다. 버크를 비롯한 당대의 보수주의자들은 프랑스혁명의 과격함과 급진성, 폭력과 같은 혁명의 '수단'을 비판했다. 하지만 보수주의자들은 여기서 더 나아가 프랑스혁명의 이념인 자유, 평등, 박애 등도 비판했다. 자유, 평등, 박애와 같은 가치를 인간이 추구할 수 있다는 믿음의 근거는 '계몽주의'이다. 즉 보수주의자들은 인간이 자신의 이성으로 세계를 파악할 수 있으며, 자신의 세계를 건설할 수 있다는 '계몽주의'에 맞선 것이다.

보수주의자들은 인간을 믿지 않는다. 정확히 말하자면 인간의 이성을 믿지 않는다. 인간은 자신의 이성을 통해 세계를 파악할 수 없다. 인간은 완전하지 않다. 이러한 주장이 인간은 불완전하며, 신만이 완전하다는 생각으로 이어지기 때문에, 보수주의와 기독교는 밀접한 관련을 맺는다.

인간의 이성을 믿지 않는 대신, 보수주의자들은 인간의 경험을 믿는다. 수백, 수천 년간 누적되어온 인간의 경험과, 인간이 지금 살고 있는 현재의 질서를 믿는다. 보수주의자들에 의하면 인간은 원래 자유롭지도 선량하게도 태어나지 않았고 오히려 무정부, 악, 상호 파괴로 치닫는 경향을 가지고 있다. 그러므로 인간을 안정시키고, 영구적인 틀 안에 순응시키는 것이 필요하다.[1]

이런 생각에 근거하면 혁명이야말로 가장 위험한 짓이다. 혁명이란 기존의 질서를 파괴하고 다양한 인간들의 의지와 계획에 따라 새로운 사회를 건설하는 일이다. 보수주의자 입장에서 보면 혁명은 두 가지 측면에서 위험하다. 첫째, 혁명은 인간의 이성을 지나치게 맹신하는 행위다. 인간이 무슨 능력이 있어서 계획에 따라 새로운 세계를 만들 수 있단 말인가? 보수주의자들은 공산주의 혁명의 실패를 가리키며 공산주의자들이 너무 순진하고, 인간의 본성을 잘못 알고 있다고 한탄한다. 둘째, 혁명은 질서를 파괴한다. 수백 수천 년의 역사와 경험이 쌓여 만들어진 질서를 인간의 손으로 때려 부수려 한다. 인간의 이성은 인류의 역사와 경험을 결코 능가할 수 없는 데도 말이다.

---

1 이나미, 〈한국 보수주의 이념의 내용과 의미〉, 《평화연구》 제11권 제1호, 2002.

보수주의자는 질서를 보존하고, 전통을 계승하며 관습을 수용하는 것이 최우선이라고 생각한다. 질서와 전통, 관습이 사회 안정을 가져오기 때문이다. 변화가 필요하다면, 그것은 점진적으로 이루어져야 한다(혁명이 아니라 개혁이 필요하다).

따라서 보수주의자들은 유토피아에 반대하고, 공산주의에도 반대한다. 유토피아는 인간의 한계를 인정하지 않고, 인간의 이성과 계획으로 새로운 세계를 건설하려는 지나친 이상이다. 공산주의도 마찬가지다. 지금의 자본주의 질서와 체제는 역사와 경험이 쌓여 만들어진 산물이다. 한국의 보수주의자 임광규는 다음과 같이 주장한다. "인류가 수천 년을 살아오면서 쌓아온 지혜를 존중하는 것이 보수주의라면 나는 보수주의자다. 자본주의는 특정한 천재의 머리 속에서 나온 사상이 아니라 오랜 경험을 통해 축적된 생활의 지혜다. 자본주의는 결함이 있는 인간이 살아가는 방법이기 때문에 인간의 결함이 드러나 있는 제도로서, 자본주의는 인간만큼 나쁜 제도이다. 그러나 인류가 발명한 인간을 자유롭게 풍요하게 만드는 방법 중에서는 가장 덜 나쁜 제도이다. 따라서 지금 우리 사회에서 지켜져야 할 전통 중 하나는 자본주의이다."[2] 그런데 공산주의는 이러한 전통을 무력으로 뒤집어엎으려 한다. 위험하고 무책임한 행동이다.

고려대 아시아문제연구소 연구원 이나미는 "보수주의가 인간 이성에 대한 불신과 더불어 혁명에 반대하고 질서, 전통을 강조한다면

---

2 임광규, 〈잘하는 사람에게 박수치는 것이 보수주의〉, 《월간조선》, 2000년 12월호.

사회 내에서 누가 지배해야 하는가라는 문제에 대해 강한 엘리트주의 성향을 갖게 된다"[3]고 말한다.

사실이다. 과거 보수주의자라 불리던 이들은 귀족 정치를 옹호했다. 사회의 책임과 특권을 누리는 귀족만이 정치에 참여하고, 나라를 통치해야 한다고 생각했다. 보수주의의 아버지 에드먼드 버크는 귀족 정치를 '최선의 인간에 의한 지배'라고 불렀다. 같은 논리도 보수주의자는 민주주의와 민주주의가 도래하면서 시작된 대중의 광범위한 정치 참여를 불편해한다. 에드먼드 버크는《프랑스혁명에 관한 성찰》에서 민주주의가 바람직한 정치체제가 아니라고 주장했다. 그는 다수의 시민이 광기에 사로잡혀 소수에게 억압을 행사할 수 있으며, 이 억압이 왕 1인의 지배보다 더 무시무시한 것이라고 경고한다.

보수주의자들이 이런 주장을 할 수 있는 이유는 불평등을 인정하고, 더 나아가 옹호하기 때문이다. 귀족은 더 많은 특권을 가지고, 이에 따라 더 많은 책임이 있는 존재다. 평민은 이에 대해 권리도, 책임도 없다. 이에 따른 불평등은 어쩔 수 없다는 것이다. 이런 보수주의자의 주장은 민주주의 시대인 지금 관점에서 보면 낡은 것일까? 전혀 그렇지 않다. 한국의 많은 보수 정치인들은 대중의 광범위한 정치 참여를 두려워하며, 심지어 불편해한다. 2002년 대선에 출마했던 이인제는 자신의 경쟁자였던 노무현이 노사모를 비롯한 일반 시민들의 지지를 받자 노사모를 '광기어린 집단'이라고 묘사했다. 민주당

---

3 이나미,〈한국 보수주의 이념의 내용과 의미〉,《평화연구》제11권 제1호, 2002.

의 토호인 자신을 따르는 사람들은 이성을 지닌 사람이고, 자신을 대변해줄 정치 세력을 직접 찾아 나선 시민들은 광기에 사로잡힌 집단이라는 것이다. 보수주의자(또는 극우)로 잘 알려진 소설가 이문열은 2000년 총선을 앞두고 시민단체들이 몇몇 정치인들에 대한 낙선운동에 앞장서자, 이들이 김대중 정부의 명령에 따라 움직이는 홍위병이라고 주장했다. 마오쩌둥을 추종하여 마오에 반대하는 이들을 모두 때려잡은 중국의 홍위병처럼, 시민단체의 정치 참여 역시 광기어린 대중이 정치인을 때려잡는 것이라고 평가 절하한 것이다.

또한 한국 사회에는 불평등과 차별을 당연시하는 풍토가 깔려 있다. 학력에 의한 차별, 성별에 의한 차별, 어른과 청소년 간의 차별, 가진 자와 못 가진 자 사이의 차별과 불평등이 옹호되며, 심지어 전통과 관습이라는 이름으로 포장된다. 학력은 개인의 '노력'에 의해 당연히 차별받아 마땅한 것이며, 성별과 나이를 근거로 한 차별은 태어날 때부터 정해진 것이다. 가진 자와 못 가진 자 사이의 차별(계급 차별)은 노력과 주어진 운명 둘 다에 의한 차별이다.

그들의 민주주의는 자유민주주의와 법치

그러나 보수주의자들이 옹호하던 귀족의 시대는 갔다. 이제, 다수의 지배와 다수의 정치 참여를 보장하는 민주주의가 도래했다. 이 시대에 보수주의자들은 자신의 이념과 신념을 버렸을까? 물론 그들은 변화할 수밖에 없었다. 수많은 민중들이 역사의 주인으로 등장한 마당에 귀족 정치만을 주장할 수는 없었다. 그래서 그들은 보수주의의 가치를 수용할 수 있는 민주주의 체제를 받아들였다.

보수주의자들은 민주주의가 다수의 폭정이 될 수 있음을 경계한다. 그래서 그들은 다수의 지배, 다수의 의지를 꺾을 수 있는 보루를 마련해둔다. 그것이 바로 '자유'민주주의다. 그냥 민주주의라고 하면 되는데 왜 그 앞에 '자유'를 붙인 것일까? 민주주의의 범위를 한정짓기 위해서다. 자유를 추구하고, 자유를 보존하는 한에서 다수의 지배를 옹호한다는 것이다. 민주주의는 다수의 이름으로 자유라는 가치를 희생시킬 수 없다.

그렇다면 자유란 무엇일까? 보수주의자들이 자유 중 제일로 꼽는 것이 '재산권'이다. 자신의 능력을 이용해 재산을 마음대로 불리고, 소비하고 투자할 수 있는 자유. 아무리 다수가 원한다고 해도 이 자유를 침해할 수는 없다. 한국의 보수주의자들이 정부가 조금만 시장에 개입하려고 하면 눈을 부릅뜨고 난리를 치는 이유도 이 때문이다. 또한 보수주의자들이 보기에 부자들에게 세금을 거둬 가난한 이들을 위한 복지 정책을 펼치는 건 도둑질이자, 다수의 소수에 대한 억압이다. 정부의 재개발 정책 때문에 거리로 쫓겨난 원주민들이 시위를 하는 것도 파렴치한 짓이다. 기업이 자유롭게 투자할 수 있는 '자유'를 침해하고, 시민들이 '자유'롭게 통행할 수 있는 거리를 막고, 시끄럽게 굴기 때문이다.

보수주의자들이 준비한 또 하나의 '보루'는 '법치'이다. 인간의 탐욕과 다수의 폭정을 제어할 수 있는 장치가 바로 법이다. 한국의 보수주의자들은 시민과 노동자들이 조금만 거리에서 시위를 하면 법치를 내세워 강력하게 처벌하라고 주장한다. 한나라당 주성영 의원은 2008년 정부의 미국산 쇠고기 수입에 반대하여 촛불을 든 시민들을 일컬으며 '천민민주주의' 시대가 왔다고 한탄했다. 시민들의 요구를 법도 무시하며 억지를 쓰는 천박한 행동으로 묘사한 것이다. 정치학자 하버는 법의 지배가 민주주의 하의 대중의 위험과 비합리성을 억제하고 민주정치를 한정하는 중요한 수단이 되어왔다고 말한다.

보수주의와 시장주의의 만남

보수주의가 귀족 정치의 시대가 끝난 지금에도 여전히 유효할 수 있는 이유는 보수주의가 시장주의와 만나 자신을 업그레이드했기 때문이다. 귀족의 시대는 끝났지만 '귀족성'은 여전히 유효하다. 다만, 더 이상 혈통과 '날 때부터 주어진' 계급으로 귀족이냐 아니냐가 결정되지 않는다. "사회에서 리더십을 수행할 특정한 사회계급을 발견할 수 없었기 때문에 보수주의자는 지위와 리더십이 개인적 능력과 업적에 기초하는 실력 사회의 관념을 지지하지 않을 수 없게 되었다."[4] 중요한 것은 사회계급이 아니라 개인적 우월성이다. 이는 개

---

4   이나미, 〈한국 보수주의 이념의 내용과 의미〉, 《평화연구》 제11권 제1호, 2002.

인들이 시장에서 자유롭게 경쟁하고, 시장의 결과를 수용해야 한다는 시장주의와 일치한다.

시장주의는 시장의 공정성을 열심히 설파한다. 누구나 시장에 참여할 기회만 가질 수 있다면, 시장에서 펼쳐지는 경쟁은 공정하다. 그리고 그로 인한, 즉 개인의 능력에 의한 불평등과 차별은 어쩔 수 없는 것이다. 경쟁에서 이긴 기업이 경쟁에서 진 기업보다 더 많은 돈을 버는 것은 당연하다. 더 능력 있는, 즉 더 생산성이 높은 노동자가 그렇지 않은 노동자보다 더 많은 임금을 받는 것은 당연하다.

보수주의 역시 인간의 불평등을 인정한다. 다만 보수주의는 시장주의를 받아들여 그 불평등의 기준을 귀족이냐 아니냐가 아니라 능력이 있느냐 아닌가로 바꾸었다. 따라서 누군가 불행하다면 그 원인은 그 개인 때문이다. 한 사람이 거지가 된 것은 그 사람이 게으르기 때문이다. 그리고 한 사회와 집단을 위해서는 '능력이 뛰어난 자'가 통치를 맡아야 한다. 뛰어난 CEO가 엄청난 임금을 받고 그 기업을 경영한다. 그 CEO가 뛰어난지 아닌지는 그가 시장에서 보여준 성과나 업적을 보면 알 수 있다.

따라서 보수주의자가 보기에 혁명을 해서 자본주의를 극복하자거나 정부가 개입해서 자본주의를 통제하자는 말은 모두 말도 안 되는 소리이다. 자본주의와 시장 자체에는 문제가 없다. 문제는 시장의 원리와 자본주의의 현실을 받아들이지 못하고 푸념하는 개인들이다. 또 혁명을 하거나 정부가 개입하는 방식은 인간의 이성을 지나치게 맹신하는 행위이다. 한국의 보수주의자 박근은 다음과 같이 말한다.

"보수주의는 인간은 천사도 악마도 아니며 그 능력에 한계가 있다는 생각에서 출발한다." "국민의 생명과 재산을 보호하기 위해 최소한의 권력을 필요로 하지만 권력의 힘으로 경제·사회 발전을 이룰 수 있다는 생각을 거부한다." 이어서 그는 권력이 아니라 개인의 자유와 창의의 힘을 믿는 것이 보수주의라고 말한다.[5] 모든 것을 시장의 논리에 맡기고, 정부의 역할은 적을수록 좋다고 주장하는 신자유주의와 상당히 유사하다.

경희대 이택광 교수는 우파에 대해 다음과 같은 정의를 내린다. 이는 사실상 보수주의에 대한 정의와 거의 유사하다. "말하자면, 우파는 자기완성을 통해 자본주의를 극복해야 한다는 신념을 가진 존재들이다. 이들에게 문제는 자본주의라기보다 그것을 제대로 견디거나 통제하지 못하는 '개인'이다. 우파가 곧잘 추진하는 민영화 정책도 '탁월한 개인'에게 체제의 운영을 맡겨야 한다는 철학에서 나오는 것이라 볼 수 있다. 이런 입장에서 체제의 결함은 탁월한 개인의 부재와 동일시되는 것이다."[6]

보수가 시장주의를 수용하고 자본주의를 옹호하면서, 보수는 기존의 보수를 뛰어넘는 굉장히 혁신적인 것처럼 비춰졌다. 무언가 지키고, 방어해야 했던 '보수'의 입장에서, 개인의 끝없는 혁신을 주장하는 방식으로 탈바꿈한 것이다. 실제로 한국에서 '새로운 우파', 새

---

5 박근, 〈미·일과의 유대는 우리의 행복·번영과 직결〉, 《월간조선》, 2002년 12월호.
6 이택광 외, 《우파의 불만》, 글항아리, 2012.

로운 보수를 자처하는 뉴라이트전국연합(일명 뉴라이트)은 자신들을 올드 라이트와 구별 지으며, 올드 라이트는 국가주의였으나 본인들은 시장주의자라고 말한다. 영국의 정치인 마거릿 대처는 보수주의자를 자청했으나 좌파보다 더 많은 변화와 혁신을 도모했다.[7] 자본주의 체제의 최대 수혜자인 자본가들은 혁신을 말한다. 스티브 잡스는 혁신의 상징이 되었고, 이건희는 "마누라와 자식만 빼고 다 바꿔라"라고 말한다. 이건희는 "변화에 적극 대처할 때 21세기에는 전국체전이 아니라 올림픽에서 우승할 수 있는 초일류 기업이 될 수 있다"고 말하기도 했다.

하지만 이 자본가들이 주장하는 혁신과 변화는 철저하게 개인의 변화, 혁신이다. 개인들로 구성된 기업의 변화와 혁신이다. 왜 변화와 혁신이 필요한가? 그 목표는 '생존'이다. 자본주의라는 체제, 시장이라는 치열한 경쟁에서 살아남기 위해 개인들은 끊임없이 변해야하고, 기업은 체질을 바꾸어야 한다. 그들은 현재의 안정된 틀 하에서 살아남기 위해 변화와 혁신을 주장한다. 그래서 이건희는 변화와 혁신을 주장하지만 보수주의자일 수밖에 없다.

앞에서 이야기한 보수의 특징을 거칠게 요약해보자. 첫째, 보수주의자는 인간의 이성과 계획을 믿지 않으며 전통과 안정된 질서를 중요시한다. 둘째, 보수주의자는 다수의 지배를 두려워하며 몇몇 뛰어난 지배자의 통치를 요구한다. 셋째, 인간 사이의 불평등을 인정한

---

7 이택광 외, 《우파의 불만》, 글항아리, 2012.

다. 보수주의자들은 시장주의를 수용하면서도 이러한 가치를 포기하지 않았다. 자본주의라는 안정적이고 오랜 세월 동안 지켜온 질서를 수용하며, 인간의 계획에 따른 혁명이나 정부의 개입으로 자본주의와 시장을 어지럽히면 안 된다고 생각한다. 시장에서 살아남은, 능력 있는 자들의 시장 통치를 요구하며, 능력 차이로 인한 부의 불평등한 분배를 인정한다.

보수주의자 박근혜

보수주의자들이 보기에 박근혜는 이러한 가치를 충실히 이행하는 뛰어난 리더이자, 통치자이다. 물론 한 가지 전제해야 하는 사항이 있다. 박근혜를 지지하는 사람들이 모두 '보수의 가치와 이념' 때문에 박근혜를 지지하는 건 아니다. 대부분의 박근혜 지지자들은 이념형 보수가 아니라 생계형 보수다.

정치학자 서병훈은 보수주의를 체계적인 사상 또는 이데올로기가 아니라 특정한 심리 상태라고 정의한다. 재산이나 권력, 지위를 가진 사람이 현 질서를 유지, 보존하고자 하는 심리 상태이자, 농촌이나 중소도시 거주민이나 노인, 교육 수준이 낮은 사람 등이 그저 지금의 삶의 양식을 그대로 유지하고 싶은 심리 상태가 보수주의라는 것이다.[8] 그러나 이러한 심리 상태를 지닌 이들도 살아남기 위해 안정된 질서와 안정된 질서를 이끌어줄 리더를 원하고, 구조를 부수기보다는 질서에 따라 열심히 노력하고자 한다. 보수주의라는 이념이 무엇인지 알지는 못해도, 그 가치에 따라 살아가고 있다는 것이다. 이런 이유로 필자는 '보수주의자'라는 표현보다 '보수 세력'이라는 말을 더 많이 사용한다.

보수주의 이념을 기준으로 보면, 현재 한국에서 박근혜는 보수의 상징이다. 우선 박근혜의 아버지 박정희는 한국 보수주의자들에게 신앙이다. 박정희가 집권했던 1960~1970년대는 그들에게 한국사의 신화다. 한국에서 박정희에 대한 평가를 기준으로 보수와 진보가 나뉜다고 해도 과언이 아니다. 박정희는 과도한 민주주의, 다수 대중의 정치 참여로 혼란에 빠졌던 한국을 안정시키고 국가답게 만든 인물이다. 한국을 세계시장에서 살아남을 만한 경제 강국으로 만들어낸 것도 박정희다. 보수주의자들은 박정희가 전 국민을 동원하고 격려하며 국가 공통의 목표를 이루고, 안정된 자본주의 세계로 한국을 인도했다고 보고 있다.

박근혜는 보수주의자들에게 박정희와 1960~1970년대를 다시 떠올리게 하는 인물이다. 그녀는 자신의 경험과 리더십, 뛰어난 자기관리 능력 등을 통해 보수 세력에게 박정희의 후계자로 인정받았다. 그녀는 귀족다운 고귀함에 자상함을 더해, 보수 세력에게 '성군'으로 인정받았다. 또한 박근혜는 정치권력의 안정감을 중시하며, 본인 자신도 가볍게 보이지 않으려고 노력하는 정치인이다.

---

8 서병훈,《한국자유주의의 기원》, 책세상, 2001.

박근혜는 육영수로 대표되는 전통적인 여성상을 구현하고 있다. 또한 21세기에 걸맞은 일하는 여성상도 구현하려고 한다. 그러나 보수 세력은 이러한 여성상에 별 위협을 느끼지 않는다. 이미 한국의 보수 세력은 시장주의와 결합했다. 여성들로 하여금 노동시장에 참여할 기회를 줘야 한다는 주장 정도는 수용 가능한 것이다. 그리고 노동시장에서 승리한 뛰어난 여성들은 '불평등의 원칙'에 따라, 각종 혜택을 누린다. 이나미는 이러한 보수주의자들의 여성관에 대해 다음과 같이 말한다.

"보수가 여성에 대해 비교적 열린 자세를 보이는 이유는 여성이 큰 도전 세력이 아니기 때문이다. 엘리트주의자들이 평등 문제를 거론할 때 가장 먼저 개선의 의욕을 보이는 부분이 여성의 권리이다. (⋯) 여성은 권리를 갖게 되어도 기득권층에게 당장 커다란 위협으로 다가오지 않는 존재이다. 더구나 기득권층의 여성들이나 재산을 가진 여성에게 권리를 줄 경우 기득권층의 세력을 두 배로 늘릴 수 있다는 부가적 장점이 있다. (⋯) 그러나 하층민 여성의 고통스런 삶에 대해서 (보수주의자들은) 아무런 언급이 없었다. 즉 여권에 관한 논의는 철저히 상층 여성의 권리에 국한되어 이루어졌다."[9]

박근혜의 국가에 대한 충성, 국민에 대한 사랑도 보수 세력에게

---

9 이나미, 《한국의 보수와 수구》, 지성사, 2011.

존경의 대상이다. 보수 세력은 안정된 질서가 사라지는 것을 가장 두려워한다. 그래서 '안보'를 중요시한다. 국가의 생존이 위협받는 것만큼 보수 세력에게 위협적인 것은 없다. 박근혜는 웬만한 남자들보다 안보를 중요시한다. 또한 박근혜는 한 집단이나 사회가 위기에 처했을 때 이를 극복하는 위기관리 능력이 뛰어나다고 알려져 있다.

이처럼 박근혜는 보수 세력이 반할 만한 요소는 다 갖추고 있다. 박근혜는 뼛속까지 보수주의자이다. 박근혜는 뛰어난 '보스'를 꿈꾸는 한국의 보수 세력에게는 최적의 보스다.

정말 아름다운 박근혜의 국가

우리는 앞에서 보수 세력, 박근혜의 지지자들이 왜 박근혜에 열광하는지에 대해 살펴보았다. 그렇다면 박근혜는 지지자들의 기대에 부응할 수 있을까? 박근혜는 그럴 만한 보스, 리더인가? 박근혜의 리더십은 어떤 리더십인가?[10] 또한, 박근혜가 이끄는 나라는 어떤 나라일까? 그 나라에서 보수주의자가 아닌 사람들도 행복할 수 있을까?

박근혜의 권위주의 리더십

박근혜 비판자들은 박근혜의 리더십이 1960~1970년대 권위주의와 다를 게 없다고 비판한다. 임경구《프레시안》편집장은 과거의 박근혜 불가론이 '여성', '박정희', '사생활'로 구성되어 있었다면 현재의 박근혜 불가론은 불통 이미지, 권위적이고 독단적인 리더십으로

10　우리는 어느 한 조직이나 사회에서 목표와 방향을 제시하며 그 목적을 성취할 수 있도록 구성원들에게 동기를 유발하며 조직이나 사회를 이끌어가는 사람을 '지도자' 혹은 '리더'라고 칭한다. 그리고 "공동의 목표를 달성하기 위해 지도자가 집단의 성원들에게 영향을 미치는 과정"을 '리더십'이라 정의한다. (홍성태, 〈리더십의 사회학〉,《경제와사회》, 2011년 겨울호, 통권 제92호)

박근혜 리더십을 바라보는 시각

"민주 정당에서 경선을 하려면 이런저런 시끄러운 일들도 있고 갈등도 생겨나는 법이다. 그런데 박 위원장은 그런 모습을 받아들이지 않으려는 태도를 줄곧 보였다. 단합하며 일사불란하게 나갈 것을 요구하기만 했지, 자신과 다른 목소리가 터져 나오는 것은 용인하지 않으려는 태도를 보였다. 마치 박정희 대통령 시절 경제 개발을 위해 단결할 것을 요구하며 자신을 반대하는 목소리를 용납하지 않았던 권위주의적 리더십을 떠올리게 하는 장면들이었다. 박 위원장은 이명박 대통령 시대를, 단절해야 할 과거로 규정했다. 하지만 정작 자신도 이 대통령의 치명적 문제인 소통의 부재를 답습하는 모습이다. 그래서 이명박이나 박근혜나 불통의 습관은 마찬가지라는 지적이 따라다닌다. 싫은 소리에는 귀 닫고, 경고나 하는 리더십은 과거 시대의 낡은 리더십일 뿐이다."

시사평론가 유창선, 〈'박근혜 리더십'의 함정〉, 《시사저널》, 2012년 5월 9일

"박 후보는 아직도 국민을 이끌어가야 한다고 생각하고 있다. 권위주의적이고 일방통행식인 리더십이다. 이 시대에는 리더가 아니라 조정자(coordinator)로 갈등을 조정할 줄 아는 사람이 필요하다. 노무현 전 대통령은 김대중·김영삼 시대의 리더에서 조정자로 넘어가는 과도기였고 이명박 대통령은 이 흐름을 다시 뒤로 돌렸는데 박 후보의 리더십은 이런 움직임을 가속화할 수 있다."

시사평론가 신율, 〈박근혜 인물탐구 ① 리더십 평가〉, 《연합뉴스》, 2012년 8월 22일

"목표를 제시하고 책임 있게 그 약속을 지키려는 모습은 긍정적이지만, 그러다 보니 남의 말에 잘 귀를 기울이지 않고 본인이 직접 나서서 끌고 가려 한다는 점에서 '민주적 리더십' 면에서는 취약점을 가지고 있다고 본다."

강원택 서울대 교수, 〈박근혜 인물탐구 ① 리더십 평가〉,

《연합뉴스》, 2012년 8월 22일

"다른 의견을 가진 사람들을 설득하고 조정해 합리적인 방향을 찾아가는 소통의 능력은 나라를 이끌 지도자에게 요청되는 제1의 덕목이다. 하지만 박 후보는 자꾸만 거꾸로 가고 있다. 쓴소리를 하지 않는 극소수 보좌진과 의원들에 둘러싸여 자기만의 성을 더욱 견고히 쌓고 있다. 이런 리더십으로 국정을 이끌 때 나라가 어떤 모습이 될지를 생각하면 참으로 답답해진다."

사설, 〈다시 확인된 '소통 부재'의 박근혜 후보 리더십〉,

《한겨레》, 2012년 9월 13일

"'지금 묘지 안의 침묵 분위기다.' 새누리당의 한 의원이 현재 당 상황을 두고 한 말이다. 과거사 문제 등 여러 현안을 두고 다양한 의견이 존재하지만 박근혜 대선 후보 주장에 깔려 무시되고 있다는 이야기다. 그 결과 당 인사들은 물론 친 박근혜 참모들도 의견 개진을 통한 소통보다는 후보 뜻만 따라간다는 지적이 나온다."

이지선, 〈당내 '인혁당 사과' 기류에도 박근혜 눈치 보며 알아서 침묵〉,

《경향신문》, 2012년 9월 13일

"박 후보는 이인자나 중간 보스를 두고 아들에게 권한을 이양하는 스타일이 아니다. 친박들에 따르면 '박 후보를 중심으로 각자가 움직이는 방사형 권력구조'라는 것이다. 이런 구조 때문에 급박한 결정을 내려야 하는 상황이 발생하더라도 친박들은 박 후보에게 내용을 설명한 다음 '오케이' 사인이 떨어져야 움직이게 된다는 것이다. 또한 박 후보는 참모들이나 당내 인사들과 접촉이 많지 않은 편이고, 박 후보의 의중을 직접 확인할 수 있는 측근도 얼마 되지 않는다. (…) 문제가 생기면 박 후보가 정리할 때까지 우왕좌왕할 수밖에 없는 것도 이런 구조 때문."

최재혁, 〈혼자 다 결정하는, 그 입만 쳐다보는 새누리〉,

《조선일보》, 2012년 9월 14일

보수는 무엇을 욕망하는가

구성되어 있다고 비판했다.[11] 민주통합당 손학규 전 의원은 새누리당 내 박근혜와 비박 대선 주자들 간의 경선 룰 갈등에 대해 "모든 것이 박 전 위원장의 말 한마디로, 눈치 하나로 결정되는 권위주의적 의사 결정 구조, 그런 정당과 리더십이 우리나라 정치를 책임졌을 때 국민 전체가 갑갑한, 꽁꽁 막히는 정치가 될 것"이라고 주장했다. 이어 그 는 "30년, 40년 전의 권위주의적 리더십, 아버지(박정희 전 대통령)의 눈으로 우리 사회를 봐선 안 된다는 이야기를 박 전 위원장에게 하 고 싶다"고 덧붙였다.[12]

　민주통합당 우원식 원내대변인 역시 "쩨쩨하고 독선적인 박근혜 리더십"이라는 표현을 써가며 박근혜가 권위주의 시대에 걸맞은 행 태를 보여주고 있다고 비판했다. 이어서 그는 "새누리당은 오픈프라 이머리를 둘러싸고 비박 주자들에게 손톱만큼의 양보를 못하고, 야 당과의 원구성 협상에서 국정조사와 청문회를 둘러싸고 손톱만큼의 양보도 하지 못하고 있다. (…) 국민들 대부분이 새누리당 경선에서 완전국민경선제를 수용해도 박근혜 전 비대위원장이 승리할 것이 라고 보고 있는데 이를 수용하지 못하는 것은 참으로 쩨쩨한 박근혜 리더십"이라고 비판했다.[13]

　보수 정치인들도 박근혜 리더십이 권위주의적이라고 비판했다. 새누리당 임해규 전 의원은 "박 전 위원장은 불통의 이미지를 갖고

11　임경구, 〈박근혜 여왕의 나라, 무섭지 아니한가?〉, 《프레시안》, 2012.7.15.
12　〈손학규 "권위주의 리더십으로 사회 봐선 안 돼"〉, 《연합뉴스》, 2012.6.26.
13　박대로, 〈민주 "쩨쩨하고 독선적인 박근혜 리더십"〉, 《뉴시스》, 2012.6.28.

있고 그것은 포용력의 부족을 나타낸다"며 "의견이 다른 사람, 심지어 반대하는 사람도 끌어안고 함께 가는 폭넓은 리더십이 부족하다는 평가가 일반적"이라고 말했다.[14] 김무성 전 한나라당 원내대표는 "박 전 대표는 국가 지도자 덕목 10개 중 7개 정도는 아주 훌륭하지만 결정적으로 부족한 점이 있다"며 "그게 바로 민주주의에 대한 개념과 사고의 유연성"이라고 지적했다.[15] 2009년 국회에서 미디어법을 처리하는 과정에서는 친박 의원 내에서도 박근혜에 대한 비판이 나왔다. 당시 한나라당이 미디어법을 국회에서 통과시키기로 결정했는데, 박근혜는 "반대표를 던질 수 있다"라고 말해 한나라당을 발칵 뒤집어놓았다. 이에 대해 한 친박 핵심 의원은 "박 전 대표가 미디어법 처리 과정에서 제시한 대안에 대해 친박계 문방위원들조차 내용을 잘 몰라 영문을 모르고 사태를 수습하느라 일단 따라간 측면이 있다"며 "박 전 대표와 친박 의원들 간의 소통이 충분한지 검토해볼 문제"라고 말했다.

정운찬 전 국무총리도 박근혜가 절대왕정 군주 리더십이라고 비판했다. "박 후보는 정치를 하면서 아버지의 후광을 받았죠. 그덕에 '미다스의 손'으로 자리매김했죠. 사실상 보수층의 메시아가 된 겁니다. 그 결과 토의가 없어요. 자신이 결론 내린 것은 모든 것이 옳은 결정이고, 더 이상 토론을 용납하지 않는 겁니다. 그의 리더십은 가

---

14 〈임해규 "박근혜 반대의견 끌어안는 리더십 부족"〉,《연합뉴스》, 2012.7.2.
15 〈'박근혜-김무성 관계' 다시 삐걱?〉,《연합뉴스》, 2010.8.4.

부장적 국가주의가 은연중에 몸에 배어 있지 않았나 하는 생각이 들죠."[16]

정치인들뿐만 아니라 정치평론가들과 언론도 박근혜 리더십이 권위주의적이고 민주주의에 맞지 않는다는 점을 지적한다.

모두가 박근혜의 입만 바라본다

2012년 4월 총선을 대비해 새누리당이 비상대책위원회 체제를 수립한 이후 박근혜 리더십이 권위주의적이라는 논란이 다시 일기 시작했다. 새누리당은 2012년 4월 총선에서 승리하기 위해 비상대책위원회 체제를 설립하고, 박근혜가 비상대책위원회 위원장으로 취임했다. 대체로 권력분립과 정당 민주주의 원칙에 따라 대선 주자는 당권을 맡지 못한다. 그러나 박근혜는 잠재적 대선 주자였음에도 당의 전권을 맡아 행사했다. 진보 진영에서, 심지어 새누리당 내에서도 새누리당이 박근혜의 '사당(私黨)'이 되어간다는 비판이 이어졌다.

박근혜의 지휘로 당 지지율도 오르고, 총선에서도 승리하자 박근혜 리더십에 대한 비판은 줄어들었다. 역시 박근혜가 '선거 같은 전쟁 상황을 관리하는 데는 최고'라는 이야기가 등장했다. 문제는 전쟁이 끝난 뒤 터졌다.

---

16 김종철, 〈박근혜, 토론 용납 않는 절대왕정 리더십〉, 《오마이뉴스》, 2012.9.12.

2012년 4·11 총선이 끝난 직후 새누리당 출신 국회의원 김형태, 문대성 의원이 도마 위에 올랐다. 김형태가 제수를 성폭행하려 했다는 의혹이 터지면서 여론이 발칵 뒤집혔다. 김형태의 지역구인 포항 시민들은 김형태는 물론 김형태를 공천한 새누리당에 대한 분노를 감추지 못했다. "포항 사람들이 김형태 보고 찍은 것이 아니라 새누리당 보고 찍은 것이다. 쓰레기를 공천해놓고 탈당을 시켜 자기들만 빠져나가면 쓰레기는 누가 치우냐"[17]며 불만을 표출했다. 문대성은 2003년 석사학위 논문과 2007년 박사학위 논문을 표절했다는 사실이 드러나면서 위기에 처했다.

하지만 새누리당은 김형태와 문대성을 신속하게 쳐내지 못했다. 새누리당 비상대책위원회의 몇몇 비상대책위원들은 김형태와 문대성에 대한 새누리당의 선제적 대응을 요구했고 당내에서도 이에 공감하는 목소리가 이어졌지만 박근혜가 이를 저지했다. 4월 16일 비상대책위원회 회의에 참여한 박근혜가 "사실이 확인되면 당이 (결정)할 테니까 더 되풀이할 필요는 없는 얘기"라며 선제적 대응에 대한 요구를 일축했다. 이틀간 여론과 언론에 시달리고 나서야 새누리당은 김형태의 자진 탈당을 유도했고, 문대성을 당 윤리위원회에 회부했다. 새누리당이 박근혜의 '지시'에 의해 움직인다는 사실이 드러난 것이다. 《연천일보》는 "박근혜의 권위주의 리더십이 화를 불렀다"며 비판했다. "소통과 여론수렴보다는 원칙을, 선제적 대응보다는 약속

---

17 박종찬, 〈포항 시민들에 '제수 성추행' 김형태 왜 찍었나 들어보니…〉, 《한겨레》, 2012.4.18.

이행을 강조해온 '박근혜 리더십'의 한계가 드러나는 순간이었다."[18]

김형태가 자진 사퇴하고 문대성이 윤리위에 회부되는 과정에서도 '박근혜의 뜻'이 얼마나 중요한지 드러났다. 김형태는 새누리당을 탈당하면서 자신을 지지해준 사람들에게 죄송하다거나 당의 동지들에게 송구스럽다고 말하지 않았다. 탈당 이유는 "더 이상 박근혜 비상대책위원장에게 누를 끼치지 않기 위해"[19]서였다. 문대성은 탈당하겠다는 기자회견을 하기로 약속했다가 갑자기 취소한 뒤, 기자들에게 "박근혜 위원장이 국민대의 논문심사 결과를 지켜본 뒤에 당의 입장을 정하겠다고 말한 만큼 자신도 심사 결과가 나올 때까지 탈당하지 않겠다"며 박근혜의 뜻을 강조했다. 문대성이 탈당을 약속했다가 박근혜의 뜻을 언급하며 박근혜를 물고 늘어졌기 때문인지 새누리당은 탈당을 권유하고 논문 심사 결과를 지켜보겠다는 입장을 거두고 재빨리 당 윤리위에 문대성을 회부했다.[20]

"박 위원장은 총선 이후 당내 긴급 현안으로 등장한 김형태·문대성 당선자의 성추행·논문표절 의혹을 풀어가는 태도에서 그 특유의 권위주의·소통 부재의 리더십을 적나라하게 드러냈다. (…) 문 당선자가 탈당 기자회견을 번복하며 그의 발언을 인용하자 즉각 출당 윤리위를 소집한 것은, 논문표절의 심각성 때문이 아니라 '어디 감히

18 성홍식, 〈박근혜의 권위주의 리더십이 화를 불렀다〉, 《연천일보》, 2012.4.20.
19 〈김형태 "박근혜에 누 안 끼치려 탈당"〉, 《뉴시스》, 2012.4.18.
20 신동근, 〈다급한 새누리, '논문 표절'보다 '박근혜 뜻' 언급에 '기겁'〉, 《미디어스》, 2012.4.19.

나를 끌고 들어가느냐'는 노여움의 발로라고밖에 보이지 않는다."[21]

'정두언 체포동의안 부결' 사태는 박근혜의 '권위주의' 리더십에 대한 비판이 폭발한 계기였다. 정두언 새누리당 의원은 저축은행 비리에 연루되었다는 이유로 검찰 조사를 받았다. 검찰의 저축은행 비리 합동수사단이 정두언에게 임석 솔로몬저축은행 회장에게 금품을 받고, 이상득 전 새누리당 의원에게도 임석 회장을 소개시켜준 혐의가 있다고 발표했다. 하지만 국회의원에게는 '불체포특권'이 있어서 구속수사를 진행할 수가 없다. 새누리당 지도부는 새누리당이 특권을 내려놓겠다며 국회에 정두언 체포동의안을 상정했다. 그러나 새누리당 의원 다수의 반대로 정두언 체포동의안은 국회에서 부결되고 말았다. 이후 새누리당이 말로만 특권을 내려놓겠다는 '쇼'를 벌였다는 비난이 쏟아졌다.

이 사건으로 박근혜 리더십에 대한 비판이 쏟아졌다. 애초 정두언 체포동의안이 국회에 상정된 것 자체가 박근혜의 의중이었다. 박근혜는 당 의원총회에 나가 "정두언 의원이 평소 신념답게 책임지고 해결하는 모습이 필요하다"고 말했고, 이 발언 이후 의원총회는 박근혜의 '지시'대로 흘러가는 모습을 연출했다. 당 지도부 역시 박근혜의 의중과 동일한 결론을 내렸다. 박근혜는 정두언을 쳐냄으로써 새누리당의 쇄신을 연출하려 한 것이다. 그러자 의원들 사이에서 박근혜가 자신의 영향력을 이용해 당을 좌지우지하며, 본인의 대선 승리

---

21   사설, 〈실망스러운 박근혜 리더십〉, 《한겨레》, 2012.4.20.

를 위해 의원들을 토사구팽 한다는 비판이 제기되었다. 새누리당 남경필 의원은 기자회견을 통해 "억울하지만 대선 승리를 위해 개인이 희생하라는 것은 전체주의적 발상"이라고 비판했다. 임태희 전 청와대실장 역시 기자회견을 열어 2009년 박근혜의 동생 박지만·서향희 변호사 부부와 신삼길 삼화저축은행 회장과의 유착 의혹이 불거진 것을 거론하며 "당시 박 후보는 '누구보다 본인(박지만 씨)이 잘 알 텐데 아니라고 말했으니 그것으로 끝난 것 아니냐'고 발언했다"면서 "박 후보는 왜 당시에는 그렇게 처리하고 이번 일은 180도 다른 입장에서 처리했는가"라며 비판했다.[22]

의원들은 국회에서 반대표를 던졌고, 정두언 체포동의안은 부결되었다. 그러자 박근혜에게 자신의 대선가도를 위해 의원들의 동의를 구하지 않고 무리하게 정두언 체포동의안을 밀어붙였다가 당 전체를 혼란에 빠뜨렸다는 비판이 쏟아졌다. 게다가 이한구 원내대표가 이 사태에 책임을 지고 사퇴하겠다고 밝혔다가, 박근혜와 이야기를 한 뒤 사퇴 번복 연설을 했다는 사실이 언론에 보도되면서 정치권은 '박근혜 사당화(私黨化)' 논란으로 들끓었다. 박근혜가 복도에서 지도부를 만나 '지시'하고, 이 지시대로 새누리당 지도부가 움직인다는 사실이 언론에 보도되면서 '복도정치'라는 말이 나돌았다. 민주통합당 정성호 대변인은 "마치 장기판의 졸처럼 박근혜 의원의 입만 쳐다보고 있는 이한구 원내대표의 연설은 신뢰할 수 없다"며 "박근

22   차윤주, 〈다시 불붙은 사당화 논란에도 박근혜는 '마이웨이'〉, 《뉴스1》, 2012.7.15.

혜 의원의 복도 멘트 한마디가 국민과의 약속보다 중시되는 새누리 당은 그야말로 '리모컨 정당', '종박 사당'에 다름 아니다"라고 비판했다. 민주통합당 우원식 원내대변인도 "민주적인 국회는 국회를 구성하는 국회의원들의 민주적 의사결정이 보장될 때만 가능한 것"이라며 "박근혜 의원의 한마디에 좌지우지되는 정당이 무슨 민주적일 수 있겠냐"고 반문했다.[23] 새누리당 김태호 의원도 당내 민주화가 "거꾸로 가고 있다"며 "역사인식이나 절차적 민주주의가 완전히 상실됐다"고 지적했다.[24]

《동아일보》 정치부 기자 동정민은 박근혜 리더십의 특징을 '직할통치 리더십'이라고 규정한다. 자신의 권한과 책임을 다른 인물에게 맡기지 않고, 필요할 때마다 직접 업무를 지시하는 방식을 취한다는 것이다. 박근혜는 작은 일정부터 중요한 사안까지 직접 결정한다. 이 시스템의 가장 큰 장점은 모든 사안을 박근혜가 직접 컨트롤할 수 있다는 점이다. 박근혜의 메시지가 잘못 전달될 개연성이 낮으며, 결정 사항에 대해 보안을 지키기에도 유리하다. 단점은 측근들의 '충성 경쟁'이다. 박근혜가 직접 해당 의원에게 업무를 지시하기 때문에 의원들은 서로 어떤 일을 하는지 잘 모른다. 그러다보니 "토론을 통해 서로의 생각을 모아 시너지 효과를 내는 것이 아니라, 자기보다 상대가 박근혜로부터 더 중요한 업무를 부여받지 않았을까 걱정하며 상

23 조근호, 〈민주, "박근혜 입만 쳐다봐, 신뢰할 수 없어"〉, 《노컷뉴스》, 2012.7.16.
24 장용석, 〈김태호 "본질 비켜간 건 박근혜"〉, 《뉴스1》, 2012.7.18.

대를 깎아내리곤 한다"[25]는 것이다.

직할통치의 특징을 '권위주의'라고 부를 수 있다. 다양한 생각을 가진 사람들이 각자의 자리에서 맡은 바 일을 하고, 토론을 통해 전체의 의사를 결정하는 구조가 아니라 1인이 모든 것을 관장하는 폐쇄적인 의사결정구조이기 때문이다. 측근들의 충성 경쟁 역시 권위주의 정권에서 등장하는 모습이다.

정말 '내 꿈이 이루어지는 나라'가 될까?

확실히 박근혜는 권위주의적인 리더십을 지니고 있다. 강한 힘과 능력을 지닌 지도자가 공동의 목표를 밀어붙이고, 그를 중심으로 조직이 움직인다는 면에서 그렇다. 박근혜를 '위기관리'에 걸맞은 리더라 부르는 이유가 바로 이 때문이다. 어느 조직이건 그 조직의 존립이 흔들릴 만한 위기가 발생했을 때 강력한 힘을 지닌 리더를 중심으로 위기를 극복해나가기 때문이다. 공화정을 택했던 로마도 위기에 처했을 때만은 임시적으로 '독재관'을 임명하여 독재를 하도록 했다. 박근혜의 리더십은 위기 상황에서는 효과적일 수 있으나, 위기 상황이 아닐 때에는 '권위주의'라는 비판을 받는다.

하지만 이런 점을 근거로 해서 박근혜의 리더십을 단순히 박정희

---

25 동정민, 〈박근혜 7가지 고비 어떻게 넘을까〉, 《주간동아》 844호.

리더십과 완전히 동일시할 수는 없다. 박근혜 자신도 지금이 민주주의 사회라는 것을 알고 있고, 자신의 리더십이 독재와는 다르다는 것을 강조한다. 박정희 시대에는 국가가 공동의 목표를 위해 국민을 총동원하곤 했다. 하지만 박근혜가 내세우는 국가는 이와는 다른 역할을 한다. 박근혜에게 '국가란 무엇인가?'

박근혜는 자신의 정치철학을 이렇게 말한 적이 있다. "국민이 근심 걱정 없이 살면서 생업에 종사하는 사회인 안거낙업(安居樂業, 평안하게 살면서 자기 일을 즐겁게 한다)을 이루고, 대한민국이 세계 속의 선진국이 되는 것이 제가 정치하는 이유이자, 제 인생 최고의 목표다. (…) 어떤 정치 목표도 이를 뛰어넘을 수 없다고 생각한다."[26] 박근혜는 2012년 대선에서도 이 안거낙업을 자신의 목표로 제시했다. 박근혜 캠프의 변추석 미디어홍보본부장은 대선 슬로건을 만들 때 "무엇보다 박 전 위원장의 정치철학인 안거낙업을 친근하게 담아내는 데 주안점을 뒀다"[27]고 밝혔다.

박근혜에게 국가의 역할이란 국민들을 '안거낙업'할 수 있게 만들어주는 것이다. 안거낙업이란 다른 말로 하면 국민 각자가 제약 없이 자신의 꿈을 실현하고, 자신의 행복을 추구하는 것이다. 국가는 국민에게 더 이상 이래라 저래라 하지 않는다. 박근혜는 2012년 대선출마선언문에서 다음과 같이 말했다.

---

26 〈박근혜 "안거낙업… 정치하는 이유이자 인생목표"〉, 《연합뉴스》, 2012.5.8.
27 홍수영, 〈박근혜 슬로건 '내 꿈이 이루어지는 나라'〉, 《동아일보》, 2012.7.9.

"이제 근본적인 변화가 필요합니다. 무엇보다 국정운영의 기조를 국가에서 국민으로 바꿔야 합니다. 과거에는 국가의 발전이 국민의 행복으로 이어졌습니다. 하지만 지금은 국가의 성장과 국민의 삶의 질 향상과의 고리가 끊어졌습니다. 개인의 창의력이 중요한 지식기반 사회에서는 국민 한 사람, 한 사람이 중요한 시대이고 국민 개개인이 행복해지고 자신의 잠재력과 끼를 최대한 발휘할 수 있어야만 국가가 발전할 수 있습니다. 이렇게 시대의 요구는 바뀌었는데 지금 정부가 지향하는 정책과 패러다임은 과거 방식 그대로입니다. 이제 국정운영의 패러다임을 국가에서 국민으로, 개인의 삶과 행복 중심으로 확 바꿔야 합니다. 저 박근혜가 바꾸겠습니다! 국민 개개인의 꿈을 향한 노력이 국가를 발전시키고 국가 발전이 국민 행복으로 선 순환되는 '국민 행복의 길' 이 길이 저 박근혜가 가고자 하는 새로운 국가 발전의 길입니다."[28]

박정희 시대는 우리 모두가 '꿈'을 추구할 수 있는 시대가 아니었다. 각자의 행복을 추구할 수 있는 사회도 아니었다. 당장 입에 풀칠하기 위해 뭐든지 해야 하는 시대였다. 조국 근대화와 경제 성장이라는 '대의' 앞에 개인의 꿈과 행복은 언제든 짓밟힐 수 있었다. 박근혜는 이런 박정희 시대를 긍정하고 있다. 왜인가? 경제 성장과 조국 근대화가 꼭 필요한 과정이었다고 생각하기 때문이다.

박근혜는 박정희 리더십에 대해 "국민의 자신감이 최대한 발휘

---

28 〈[전문] 박근혜 전 새누리당 비상대책책위원장 대선출마선언문〉, 《뉴시스》, 2012.7.10.

할 수 있도록 한 게 장점"이라고 평가했다. "우리나라가 당시 못살았던 이유가 자신감이 없었기 때문이다. 새마을운동을 거쳐 우리도 노력하면 잘살 수 있다, 해낼 수 있다는 자신감을 일으켰다는 게 장점이라고 본다."[29] 박근혜는 육영수에 대해서도 비슷하게 평가했다. 육영수는 어느 날 새마을운동에 잘 참여하지 않는 강화도의 한 마을을 방문했다. 돼지를 몇 마리 사달라는 마을 주민의 말에 육영수는 "돼지 사료비가 비싸니 경제성 있는 토끼를 길러보세요"라는 조언을 했다. 이에 대해 박근혜는 어머니가 "사람들의 마음을 움직여 스스로 무언가를 이루게 하는 방법을 선택했다"[30]고 말한다. 박근혜는 국가가 사람들에게 단순히 소득을 주는(돼지 몇 마리를 사주는) 것이 아니라, 스스로 무언가를 이루게 하는(토끼를 사게 하는) 역할을 맡아야 한다고 생각하는 것이다.

박근혜에 따르면 박정희는 국민 각자가 '할 수 있다'는 자신감을 일깨워주었다. 그리고 이 자신감은 개개인이 자신의 꿈, 자신의 행복을 추구하는 데 꼭 필요한 것이다. 그렇기 때문에 박근혜에게 박정희 시대는 지금의 대한민국을 만든 하나의 역사이며, 5·16은 구국의 혁명이 된다. 그리고 박정희가 경제 성장이라는 목표를 달성했다면, 박근혜는 경제 성장이 이루어진 한국에서 그 다음 목표인 '국민 행복'을 이루어야 한다. 박근혜는 이런 목표를 이루겠다고 말한다. "국민

---

29 김혜란, 〈박근혜 5·16이 대한민국의 초석 만들었다〉, 《오마이뉴스》, 2012.7.16.
30 박근혜, 《나의 어머니 육영수》, 사람과사람, 2000.

여러분, 올해는 우리나라 경제 발전의 틀을 마련한 경제개발 5개년 계획을 시작한 지 50주년이 되는 해입니다. 저는 국민 행복을 위해 '경제민주화-일자리-복지'를 아우르는 '5천만 국민 행복 플랜'을 수립하여 추진하겠습니다."[31]

《미디어스》 한윤형 기자는 박근혜가 이 '국민 행복'을 고리로 아버지 박정희와 시대정신을 연결했다고 말한다. "(경제민주화 실현, 일자리 창출, 복지의 확대) 이 3대 핵심과제를 아우르는 계획이 바로 '5천만 국민 행복 플랜'이란다. 그것도 경제개발 5개년 계획이 시작된 지(1962년) 50주년 되는 시점(2012년)에 시작한다고 의미 부여한다. 그리하여 그녀는 '아버지의 꿈은 복지국가'였다는 과거 진술에 충실하게, 아버지를 부정하지 않으면서 이 시대의 시대정신을 '아버지가 못 다 이룬 것'으로 치장하는 탁월한 기동을 한다."[32]

박근혜는 아버지 박정희를 부정하지 않으면서 '내 꿈'을 내세우고, 국민을 내세웠다. 박근혜의 대선 슬로건은 '내 꿈'이 이루어지는 나라이다. 2012년 7월 10일 영등포 타임스퀘어 광장에서 대선출마선언을 하기 전날 밤, 박근혜는 트위터에 다음과 같은 글을 올렸다. "누구든 자신의 미래를 꿈꿀 수 있고 잠재력과 끼를 맘껏 발휘할 수 있는 나라를 저는 꿈꾼다."[33]

박근혜의 대선출마선언문에는 '국민의 꿈', '국민의 행복'이라는

---

31 〈[전문] 박근혜 전 새누리당 비상대책책위원장 대선출마선언문〉,《뉴시스》, 2012.7.10.
32 한윤형,〈'홍코너 '박근혜 vs '빅3' 문김손, 중간성적표〉,《미디어스》, 2012.7.16.
33 도성해,〈박근혜 슬로건, '내 꿈이 이루어지는 나라'〉,《노컷뉴스》, 2012.7.8.

단어가 유난히 많이 등장한다. 그리고 국가의 역할은 이 국민의 꿈이 이루어지는 것을 '돕는' 것이다. 국민이 자신의 꿈과 행복을 실현할 조건과 환경을 조성해주는 것이 박근혜가 꿈꾸는 국가다. 《동아일보》는 박근혜의 대선출마선언문에 대해 박근혜가 '국민 꿈 실현 도우미'로 나섰다고 평가했다. "2007년 경선 당시 내건 '5년 안에 선진국! 믿을 수 있는 대통령'은 지도자의 비전을 일방적으로 던지는 듯하다는 평가를 받았다. 이번엔 주어를 국민으로 돌렸다. '나를 따르라' 식이 아닌 '꿈 실현 도우미'로서의 리더십을 선보이겠다는 것이다."[34]

이는 박근혜가 예전에 내세웠던 리더십과는 다르다. 박근혜는 1980년 2월 4일자 일기에서 다음과 같이 말한다. "남이 하자고 하는 것만 하고 인기 얻을 일만 하는 사람은 leader(리더)가 아니라 follower(추종자)라고 한 말이 생각난다. 국민은 불안해서 follower를 믿고 살 수는 없다. 선견지명을 갖고 미리미리 판단해서 국가를 잘 이끌어주기를 바라기에 권한도 주고 권위도 부여한 것이다."[35] 2001년 4월 이화여대에서 주관하는 '여성과 정치' 특강에서도 박근혜는 리더십에 대한 자신의 생각을 밝힌다. "저는 리더십이 나침반 같은 것이라고 생각합니다. 사람들이 어디로 가는지 모른다면 리더십이라고 할 수 없기 때문입니다."[36] 이처럼 박근혜는 리더십이 권위를 가진

---

34 홍수영, 〈박근혜 슬로건 '내 꿈이 이루어지는 나라'〉, 《동아일보》, 2012.7.9.
35 박근혜, 《고난을 벗 삼아 진실을 등대 삼아》, 부산일보출판국, 1998.
36 천영식, 《나는 독신을 꿈꾸지 않았다》, 북포스, 2005.

채 목표를 설정하고 방향을 제시하는 것이라고 생각했다.

하지만 이런 리더십이 '권위주의'적이고 박정희의 그늘이라는 비판을 받은 상황에서, 2012년에는 국민 꿈을 실현하는 도우미 리더십을 제시했다. 박근혜가 내세우는 것은 팔로어십(followership)이다. 팔로어십이란 리더십에 반대되는 말로 추종자 정신, 추종력 등을 뜻한다. 로카네기 멜론 대학 버트 캘리 교수는 조직의 성공에 리더가 기여하는 것은 20% 정도이며 나머지 80%는 팔로어들의 기여라고 평가했다.[37] 국가와 리더는 박정희 시대처럼 목표를 제시하고, 그 목표에 맞게 국민들을 동원하지 않는다. 국민들이 자유롭게 행복을 위해 노력하고, 국가와 리더는 그 행복을 누릴 수 있도록 돕는다. 리더가 기여하는 것은 20% 정도이며 나머지 80%는 행복을 추구하는 국민 개개인에게 달렸다.

박근혜가 주장하는 리더십은 '팔로어십'이라고 밝혀졌다. 그렇다면 국가는 어떻게 개인들을 도와줄까? 박근혜의 생각을 잘 보여주는 상징적인 사건이 있었다. 2012년 9월 9일 박근혜는 경남 김해 상동 야구장을 방문해 롯데 자이언츠와 고양 원더스 선수단을 격려했다. 고양 원더스는 지명을 받지 못하거나 프로야구 구단에서 방출된 선수들로 이루어진 독립야구단이다. 박근혜는 고양 원더스 김성근 감독을 만나 다음과 같이 말했다.

---

37 오한길, 〈SK '팔로어십'의 힘〉, 《아시아경제》, 2011.12.28.

"독립구단이 여러 가능성과 모범을 보여주고 있고, 또 사회 전체에 시사하는 바가 크다. 스포츠계뿐만 아니라 포기하고 희망을 잃었던, 직장도 잃고 직장을 구하기 어려운 많은 국민에게 '나도 하면 된다'는 희망과 용기를 여러분이 주고 있다고 생각한다. (…) 한 번 실패를 겪었거나 생각지도 않은 어려움이나 부상을 당해 자신의 꿈을 이루는 게 어려워졌을 때 어떻게든 다시 기회를 갖도록 해 잠재력을 키우고 성공하는 사람들이 나오게 하는 것이 제가 정치를 하면서 중요하게 생각하는 아젠다이다. (…) 스펙이나 학벌을 너무 따지기보다는 그 사람이 무엇을 즐겁게 잘할 수 있는지, 또 끼와 소질, 열정을 갖고 자기의 길을 잘 개척하고 성공할 수 있는 그런 데 관심이 많다."[38]

이처럼 박근혜는 한 번 실패를 겪은 사람들도 자신의 꿈을 이룰 수 있는 재도전과 기회를 주자고 말한다. 마찬가지로, 여러 가지 상황과 조건으로 인해 꿈과 희망을 잃은 사람들에게도 기회를 주어야 한다. '기회의 평등'이 국가와 리더가 해야 할 일이다.

박근혜가 출마선언문에서 제시한 정책들을 하나씩 살펴보자. 우선 박근혜는 국민 행복을 위한 3대 핵심과제를 제시한다. 그 첫 번째 과제는 '경제민주화 실현'이다. 박근혜가 말하는 경제민주화는 "중소기업인을 비롯한 경제적 약자들의 꿈이 다시 샘솟게" 하는 것이다. 박근혜는 이를 위해 공정하고 투명한 시장경제를 확립하겠다고 한

---

38 서어리, 〈'마이너' 찾은 朴, "어려워졌을 때 다시 기회 갖는 게 중요"〉, 《프레시안》, 2012.9.9.

다. "정당한 기업 활동은 최대한 보장하고 불필요한 규제는 철폐하여 경제에 활력을 불어넣겠지만 영향력이 큰 기업일수록 사회적 책임을 다할 수 있도록 하는 데는 과감하고 단호하게 개입하는 정부를"[39] 만들겠다고 한다. 한마디로 박근혜가 생각하는 경제민주화란 중소기업인, 경제적 약자들에게 기회의 평등을 주는 것이다. 이는 박근혜가 '여성'을 바라보는 관점과 유사하다. 여성에게도 남성과 공정하게 경쟁할 수 있는 기회를 주는 것이 박근혜의 여성 정책인 것처럼, 중소기업에게도 대기업과 공정하게 경쟁할 수 있도록 기회를 주고, 그리하여 그들의 꿈을 되살리자는 것이 박근혜의 경제민주화이다.

두 번째 과제는 일자리 창출이다. 일자리 창출이 왜 필요한가? "일하고 싶은 사람들이 꿈을 이룰 수 있도록 하기" 위해서다. 박근혜는 전통 제조업을 고부가가치화하고, 서비스 산업의 경쟁력을 제고하고, 문화산업, 소프트 산업 및 일자리 창출형 미래 산업을 적극 지원·육성하고, 아이디어 창업과 벤처 창업을 활성화하겠다고 말한다.[40] 청년들이 자신의 꿈을 실현할 수 있도록 일할 수 있는 '기회'를 많이 주는 것이 박근혜표 '일자리 창출'의 목표다.

세 번째 과제는 복지이다. 어떤 복지인가? '생애주기별 맞춤형 복지제도'이다. 박근혜는 이 생애주기별 맞춤형 복지제도가 "우리의 실정에 맞으면서 실질적인 도움을 주는" 제도라고 말한다. 그 이유는

---

39 〈[전문] 박근혜 전 새누리당 비상대책책위원장 대선출마선언문〉, 《뉴시스》, 2012.7.10.
40 〈[전문] 박근혜 전 새누리당 비상대책책위원장 대선출마선언문〉, 《뉴시스》, 2012.7.10.

이 복지제도가 "국민 개개인이 가진 자기 역량을 뒷받침하고 끌어내서 자립·자활을 가능하게 함으로써 경제와 복지의 선순환이 일어나도록" 만들 수 있는 복지제도이기 때문이다.[41] 박근혜는 이미 이 생애주기별 맞춤형 복지제도를 실현하기 위해 법 개정을 시도했다. 2011년 말 '사회보장기본법 개정안'을 국회에 제출했다. 2011년 12월 20일 사회보장기본법 개정을 위한 공청회 자리에서 박근혜는 다음과 같이 말했다. "바람직한 복지는 소외계층에게 단순히 돈을 나누어주는 것이 아니라 꿈을 이루고 자아실현을 할 수 있도록 이끌어주는 것이라고 생각합니다."

박근혜는 이 사회보장법 개정이 미래지향적인 복지체제를 위해 필요하다고 주장하며 그 핵심 내용으로 '생활보장국가'를 제안했다. 생활보장국가는 소득 보장 중심의 복지체제가 아니라 서비스 보장 중심의 복지체제를 지향한다. 그 이유는 "빈곤의 나락에 떨어졌다면 빈곤에서 벗어나 스스로 자립할 수 있도록 기회의 사다리를 놓아주어 꿈과 자아를 실현할 수 있게" 하기 위해서다.

그리고 박근혜는 이 사회서비스의 영역과 포괄 범위를 확대하여 사회서비스를 전 국민의 생활주기를 모두 포괄하는 1차 사회안전망으로 구축하자고 제안한다. 생애주기 단계마다 필요한 기본적인 서비스를 국가가 우선 제공하고, 비정규직 등 사각지대에도 필요한 복지를 지원함으로써 국민 모두의 삶을 국가가 빈틈없이 챙겨주는 '평

---

41 〈[전문] 박근혜 전 새누리당 비상대책책위원장 대선출마선언문〉, 《뉴시스》, 2012.7.10.

생사회안전망'을 만들자는 제안이다.[42] 이것이 "생애주기별 맞춤형 복지제도"이다.

박근혜에게 복지의 목표란 자립을 통한 국민의 꿈과 자아실현이다. 박근혜에 따르면 복지는 소득과 일자리가 없고, 나이가 들어서 꿈도 희망도 없이 행복감을 누리지 못하는 국민 개개인에게 자립의 가능성을 심어주어 꿈을 갖게 만들고, 자아를 실현하게 만드는 것이다.

교육 정책도 마찬가지다. 박근혜는 지속가능한 국민 행복을 만들수 있도록 사람에게 투자하는 것을 늘려가겠다고 말한다. 경쟁과 입시에 매몰된 교육을 함께하는 행복교육으로 바꾸고, 가난한 아동이 교육을 받지 못하는 일이 없도록 보육과 교육에 국가지원을 강화하겠다고 한다. "입시에 예속된 초·중등교육을 학생의 꿈과 끼를 살려주는 교육으로 전환"하고, "취업까지 책임지는 대학 책무성을 강화하고 글로벌 경쟁력을 갖추기 위해 대학특성화를 지원"하며, "100세 시대, 인생 이모작, 삼모작에 대비하여 언제 어디서나 교육과 훈련을 받을 수 있는 평생학습사회를 구현"하겠다고 한다. 그리하여 사교육비를 줄이고, 교육 기회의 격차도 줄이고, 아이들이 꿈을 갖고, 사람의 가치를 키우는 나라를 만들겠다고 말했다.[43] 박근혜에게 교육이란 국민 모두에게 공정한 기회, 기회의 평등을 제공하는 보루이다. 또한 국가는 줄 세우기 식 입시교육이 아니라 개개인을 행복하게 만드는

---

42 〈박근혜의 '사회보장기본법 전부 개정' 쉽게 이해하기〉 (http://www.youtube.com/watch?v=Hx14MmDDolE)

43 〈[전문] 박근혜 전 새누리당 비상대책책위원장 대선출마선언문〉, 《뉴시스》, 2012.7.10.

교육을, 개개인의 창의성을 살릴 수 있는 교육을 해야 한다. 국가의 교육 정책 목표는 국민에게 자신의 꿈과 행복을 실현할 기회를 주는 것이다.

박근혜가 제시한 경제민주화, 일자리, 복지, 교육 정책의 공통점은 국가가 국민의 꿈과 희망을 돕는 것이다. 박근혜는 국민들이 성공하고 싶으면 성공할 수 있도록 도와주고, 꼭 성공하지 않아도 행복하게 살 수 있도록 도와주는 리더십을 지향하겠다고 말한다.

박근혜의 나라, 승자만이 행복한 나라?

박근혜는 2012 대선출마선언문에서 "어떤 국민도 홀로 뒤처져 있지 않게 할 것입니다. 단 한 명이라도 포기하지 않고 같이 갈 것입니다"라고 말했다. 하지만, 박근혜의 '국가'에 모든 국민이 동행할 수 있을까? 박근혜의 국가는 특정한 종류의 국민을 전제한다. 열심히 노력하는 성실한 국민이다. 자신에게 주어진 기회를 발판삼아 꿈을 이루기 위해 노력하는 국민, 행복하게 살기 위해 노력하는 국민, 일자리를 찾아 자립하려고 애쓰는 국민. 박근혜의 국가에는 이런 '국민'이 아니면 들어가기 힘들다.

박근혜가 책임과 인내, 성실, 끈기, 최선의 노력 등의 덕목을 강조하는 이유도 이런 박근혜의 리더십과 관련 있는 것은 아닐까? 박근혜는 사람을 평가하는 기준 세 가지 중 하나를 "최선을 다하는가"라고 말하며, 자신이 가장 멋있을 때는 "스스로 최선을 다했다고 느낄 때"라고 말했다. "내일 지구가 끝난다면 어떻게 하겠는가"라는 질문에 대해서는 "끝까지 지구의 파멸을 막아보기 위해 최선을 다할 것이다. 정말로 지구가 끝난다고 해도 그렇게 마지막까지 최선을 다하고 싶다"고 말했다.[44]

박근혜가 종종 정치·사회적인 사안에 대해 '개인의 책임'이라며 무책임한 태도를 보이는 것도 이런 사고방식을 하고 있기 때문이 아닐까? 박근혜는 동생 박지만이 삼화저축은행 비리사태와 연루되었다는 의혹이 일었을 때 "본인이 확실히 (아니라고) 말했으니 그걸로 끝난 것"이라고 말해 무책임하다는 비판을 받았다. 그러자 《한겨레》는 물론 박근혜에게 우호적인 《조선일보》와 《중앙일보》마저도 박근혜에게 "적극적으로 해명하라"고 주문했다.[45] 국회에서 정두언 체포동의안이 부결되었을 때도 박근혜는 정두언이 "스스로 해결하라"고 말했다.[46] 안철수 당시 서울대 융합과학기술대학원장이 '룸살롱 출입' 논란에 시달리자, "안 원장 본인이 확실히 밝히면 간단하게 해결될 문제"라고 밝혔다.[47] 이처럼 박근혜는 무책임할 정도로 어떤 문제를 '개인이 해결하면 되는 일' 정도로 치부하는 경향이 있다.

정리해보자. 박근혜는 박정희의 권위주의 국가를 넘어서 국민 행

44 이지선, 〈박근혜 '첫사랑은 언제' 질문에 답이⋯〉, 《경향신문》, 2012.7.10.
45 민주언론시민연합, 〈박근혜 "박지만 의혹은 끝!" 일축⋯ 〈한겨레〉만 비판〉, 《오마이뉴스》, 2011.6.8.
46 최원영, 〈박근혜 "정두언 스스로 해결해야"〉, TV조선, 2012.7.13.
47 〈박근혜 "안철수 룸살롱 논란, 본인이 밝히면 될 일"〉, 《연합뉴스》, 2012.8.23.

복 도우미 국가를 제안했다. 국가는 국민의 꿈과 행복을 실현하는 도우미로 나서고, 국민은 국가가 제공하는 기회를 놓치지 않고 최선을 다해 자신의 꿈과 행복을 실현하면 되는 것이다. 국가의 발전과 국민의 행복이 동떨어지지 않은, '국가가 바로 나'인 사회를 제안한 것이다. 박근혜의 나라에서는 "국민 개개인의 꿈을 향한 노력이 국가를 발전시키고 국가 발전이 국민 행복으로 선순환"한다. 이런 나라에 필요한 리더십은 국민 각각에게 꿈을 실현할 기회를 줌으로써, 그러한 환경과 조건을 조성해줌으로써 각 개인이 최선을 다해 행복을 추진하고 이것이 국가 발전으로 이어지게끔 만드는 리더십이다.

정말 아름답다. 박근혜가 표방하는 국민 행복 리더십, 팔로어십은 말 그 자체로는 아름답기 그지없다. 국가가 국민에게 이래라 저래라 하지 않고, 국민은 언제든지 성공할 수 있는 기회를 얻는다. 그리고 꼭 성공하지 않아도 행복하게 살 수 있다. 이런 사회가 온다면 얼마나 좋을까?

하지만 박근혜는 한국 사회에 대한 진단을 잘못하고 있다. 아무리 성공할 기회를 주어도 한국 사회에서 성공하는 건 극히 소수에 지나지 않는다. 아무리 공정한 기회를 주어도, 설사 중소기업과 사회적 약자들이 경제적, 사회적 성공을 거둘 수 있다 해도 누군가는 '패배'한다. 패자에게 재도전의 기회가 주어질 뿐, 패자가 없어지는 것은 아니다. 박근혜는 이에 대해 꼭 성공이 아니더라도 각자의 방식으로 행복하게 살면 된다고 말한다. 이 논법에 따르면 비정규직이 정규직이 되려고 애쓰지 말고 비정규직 나름대로 행복하게 살면 된다. 취업 준비생들이 꼭 대기업에 입사하려 하지 말고 중소기업에 들어가 나름대로 행복하게 살면 된다. 꼭 서울대에 가려고 하지 않아도 된다. 참으로 보수주의자다운 해결 방식이다. 사회구조는 건드리지 않고, 개인이 시장에 뛰어들어 이기거나 개인이 마음가짐을 바꾸면 된다는 것이다.

사람들이 바보인가? 정규직화를 외치는 비정규직은 행복하게 살 줄 몰라서 아등바등 살고 있는 건가? 대학생들은 행복하게 살 줄 몰라 과도한 욕심으로 대기업만 바라보고 있는 건가? 고3 수험생들은 적성과 끼를 키우며 살면 되는데 지나치게 서울대에, 일류대에 목을 매고 있는 건가? 아니다. 그들이 성공하고 싶은 이유는, 한국 사회에서는 성공하지 않으면 행복할 수 없기 때문이다. 돈 없이, 직장 없이, 안정된 직장 없이 늘 불안에 시달리는 한국인들은 높은 지위에 올라가 안정된 삶을 누리고 싶어 한다. 정규직, 대기업, 서울대를 꿈꾸는 이유는 이 때문이다.

이런 현실을 잘 보여주는 에피소드가 있다. 박근혜 캠프는 2012년 9월 10일 박근혜와 인디음악인들 간의 만남을 계획했다. 박근혜 캠프는 만남의 취지를 밝히는 과정에서 "인디밴드는 그야말로 '음악계의 2군'이라고 할 수 있다"고 말했다. 그러나 '인디'는 프로에 비해 실력이 떨어져서 일컫는 말이 아니라, 주류 기획사 등에 소속되지 않고 독자적으로 곡을 쓰고 음반 제작과 유통을 해결하는 음악생산 행태를 일컫는 말이다. 1군에 비해 떨어지는 2군이 아니라는 것이다.

"2군·패자 모두 '경쟁'을 전제로 쓰이는 단어이고, 사실 음악인들도 경쟁에 노출되어 있는 시대이긴 하다. 하지만 문화 정책을 만들어갈 이들이 이에 대한 문제의식이 없다면 절망적이다. 취업률 낮다고 추계예대를 부실 판정해버린 정부처럼."(인디밴드 보드카레인 멤버 안승준)

"인디음악은 주류 음악에 대한 2군이었군요. 앞으로 소녀시대를 목표로 열심히 매진해야겠습니다."(인디레이블 붕가붕가 레코드 고건혁 대표)
"멀쩡한 사람을 패자로 부르고 거기다 계급을 나누는 패기가 바로 '국민 대통합'인가."(한 누리꾼)

한 친박계 의원의 발언도 논란을 일으켰다. 그는 9월 10일 언론 인터뷰를 통해 "고양 원더스라는 2군 야구팀 방문에 이어 인디밴드와의 만남은 대중의 관심권 밖에 있는 비주류를 끌어안는다는 '대통합'의 의미를 갖고 있다"고 말했다. 이에 대해 야구팬들은 고양원더스가 왜 비주류냐며 분개했다. "인디밴드든 2군이든 일단 '패자'로 낙인찍는 것부터 그들 생각의 한계다."(야구팬 박윤석씨)[48]

박근혜 캠프는 이들의 말이 박근혜의 뜻과는 상관이 없다고 밝혔지만, 이는 박근혜의 '국민 행복'이 얼마나 공허한 것인지 폭로하고 있다. 박근혜 캠프가 보여주었듯이 한국 사회는 주류와 비주류로 구분된다. 그 이유는 이 사회가 승자와 패자가 명확히 나뉘고, 승자만

---

48 박효재·박은하, 〈朴캠프에 인디밴드·야구팬들이 화났다, 왜?〉, 《오마이뉴스》, 2012.9.12.

이 행복을 독점할 수 있기 때문이다. 이런 사회에서 어떻게 성공과 무관한 꿈과 행복을 추구할 수 있단 말인가?

박근혜는 학생 각자의 자질과 적성, 끼를 키우는 교육을 해야 한다고 말한다. 그러나 학벌에 의해 개인의 삶이 결정되는 사회에서 얼마나 많은 사람들이 적성과 끼를 키울 수 있을까? 박근혜가 학생 각자의 자질과 적성을 키우는 교육을 추구하고 싶다면 먼저 학벌사회부터 타파해야 한다. 그러나 박근혜는 대학입시 문제와 그로 인한 사교육비 대책은 구체적으로 언급하지 않은 채, '학생의 적성과 자질을 키우는 교육'에 대해서만 원론적으로 되풀이한다. 세종연구소 백학순 연구원은 이 점에 대해 이렇게 지적했다. "박근혜의 처방은 패자 개개인으로 하여금 재기회를 갖도록 해서 패자 개개인의 잠재력을 키우고 성공하도록 하겠다는 것으로 사회 전체 차원에서의 정책적, 사회적 처방은 전혀 강조되고 있지 않다."[49]

행복한 사회를 만들고 싶다면 이 사회의 구조부터 바꿔야 한다. 그러나 박근혜는 이런 말은 아예 하지도 않는다. 사회구조가 바뀌지 않는다면, 박근혜가 말하는 국민 행복은 거짓말인 셈이다. 곧 박근혜 리더십은 국민이 행복을 추구하는 데 적합하지 않다.

---

49 백학순, 〈안철수, 박근혜 그리고 사랑〉, 《경향신문》, 2012.9.13.

한 사람도 빠짐없이 행복할 것!

박근혜가 자신의 리더십을 실현하기 위해 필요한 전제조건이 있다. 국가가 중립적이어야 한다는 것이다. 국가는 특정한 누군가, 특정한 세력의 이익을 대변하지 않는다. 국가는 국민 모두의 이익을 대변하며 국민 모두에게 동등한 기회를 준다. 국가는 국민을 차별하지 않는다. "어떤 국민도 홀로 뒤처져 있지 않게 할 것입니다. 단 한 명이라도 포기하지 않고 같이 갈 것입니다."

박근혜가 입만 열면 '국민 통합', '화합'을 내세우는 이유는 이 때문이다. 2012년 4·11 총선에서 새누리당이 과반수를 차지하자 박근혜는 "국민 통합으로 100% 대한민국을 만들겠다"며 "모든 세대, 모든 계층 다 끌어안고 함께 가겠다"고 말했다.[50] 박근혜는 2012년 대선 후보 수락 연설에서도 '국민 대통합의 시대'를 최우선 과제로 내세우며 "대한민국의 새로운 도약을 위해서는 국민의 힘과 지혜를 하나로 모아야 한다"면서 "이념과 계층, 지역과 세대를 넘어, 산업화와 민주화를 넘어, 모두가 함께 가는 국민 대통합의 길을 가겠다"고 말했다.[51]

---

50 정욱식, 〈박근혜 '하와이' 발언, 아버지 향기 느껴진다〉, 《오마이뉴스》, 2012.7.9.
51 윤경원, 〈박근혜 허 찌른 통합 행보 사실은 8년 전부터〉, 《데일리안》, 2012.8.28.

2012년 총선을 앞두고 야당의 대선 주자들과 진보 진영 지식인들은 기득권 1%와 일반 민중 99%라는 프레임을 제시하고, 99%의 힘으로 1%를 누르고, 99%의 세상을 만들자고 주장했다. 이에 대해서도 박근혜는 부정적인 입장을 표명했다. "야당은 이번 총선을 1% 대 99%의 대결로 몰아가고 표를 얻기 위해 노골적으로 갈등과 분열을 조장하나 우리 새누리당은 100% 대한민국을 만들겠다." 새누리당의 조윤선 대변인은 "1% 대 99%의 극단적인 양극화가 아닌 1% 더하기 99%는 100%인 정당을 지향하겠다"며 "100%의 대한민국을 만들어 나가겠다는 말은 박 위원장이 직접 만든 말"이라고 말했다.[52]

하지만 박근혜의 '100% 대한민국'은 가능한 발상일까? 박근혜는 100% 대한민국을 만들 생각이 있는 것일까? 박근혜가 말하는 대로 박근혜의 국가는 중립적일까?

민생과 상관없는 건 모두 정치공세?

국민 모두를 대변하겠다고 내세우는 정치인이나 정치 세력에게는 하나의 공통점이 있다. 본인을 좌파 혹은 우파, 진보 혹은 보수로 규정하는 것을 거부한다는 것이다. 노무현 정부는 한미 FTA나 이라크 파병 등의 정책을 추진할 때 국익을 내세웠다. 대한민국의 미래와 국

---

52 이지선, 〈박근혜 "야, 철지난 이념 논쟁에 사로잡혀"〉, 《경향신문》, 2012.3.27.

민 전체의 이익을 위해서는 이라크 파병과 한미 FTA가 반드시 필요하다는 논리였다. 이명박 정부는 이전의 노무현 정부를 이념 논쟁에 치우쳐 경제를 말아먹은 '이념정부'로 규정하고, 자신은 이념에 얽매이지 않는 '실용정부'라고 규정했다. 국익을 위해, 대한민국의 미래를 위한다는 명목으로 4대강 등 반대가 심한 정책들을 밀어붙였다. 레임덕이 오고 있는데 두렵지 않느냐는 말에 이명박은 "그런 건 정치인들한테나 오는 거지. 나 같은 일꾼한테는 상관없다"는 식으로 대꾸했다. 자기 자신을 '이념'에 휩싸여 정치공세나 일삼는 정치인이 아닌 국민을 위해 땀 흘려 일하는 일꾼 정도로 생각한 것이다.

박근혜 역시 마찬가지다. 박근혜도 '국익'을 내세워 자신의 정책을 정당화했다. 국익보다 더 친근하게 다가오는 '민생'이라는 단어를 사용하기도 했다. 박근혜는 유세에 나가면 "새누리당의 이념은 민생이다", "박근혜의 이념은 민생이다"라고 말한다. "민생을 최우선으로 해서, 국민과 한 약속을 지키는 정당은 새누리당뿐이다. 국민을 편 가르지 않고 세계와 경쟁해서 이길 수 있는 정당은 새누리당뿐이다."[53]

박근혜에게 "당신은 진보냐 아니면 보수냐"라고 묻자 박근혜는 다음과 같이 대답했다. "저의 이념은 간단하다. 오직 국익과 국민의 이익이 있을 뿐이다. 잘사는 나라를 만드는 것이 저의 이념이고, 국민의 행복이 저의 이데올로기이다. 저는 지금까지 정치를 해오면서 모든 정책을 우리 헌법적 가치와 국익의 관점에서 결정해왔고 어느 한

---

53 윤성효, 〈경남 찾은 박근혜 "새누리당의 이념은 민생이다"〉, 《오마이뉴스》, 2012.4.7.

쪽에 치우친 적이 없다. 그래서 중도라고 생각한다. 보수도 잘못한 것이 있으면 고쳐야 하고, 진보도 잘못된 것은 고쳐야 한다. 무엇이 국민의 삶의 질에 도움이 되는지를 판단해서 옳은 것을 따라야 한다. 만약 자유민주주의와 시장경제라는 헌법적 가치를 지키고, 잘못된 부분을 고치는 것이 보수라면 나는 자랑스럽게 보수를 선택할 것이고, 그런 게 진보라면 자랑스럽게 진보를 선택할 것이다."[54] 새누리당이 복지 정책 등을 내세우며 '좌클릭'하고 있다는 주장이 등장하자 박근혜는 다음과 같이 말했다. "지금 좌파니 우파니 그런 것이 중요한 것이 아니라, 어떻게 하면 국민을 더 위하고 국민 원하는 방향으로 가느냐 하는 기준이 있는 것. 좌파니 우파니 하는 것은 의미가 없다."[55]

'어느 한쪽에 치우친 적 없이 국익과 민생만을 위해 일하는' 박근혜에게 야당을 비롯한 정적들은 '철지난 이념공세'를 펼치는 세력이자 '구태정치'를 일삼는 세력이다. 그럴 시간에 민생법안을 처리하고, 무엇이 국익과 대한민국의 미래에 '객관적으로' 도움이 되는지 생각하는 게 더 좋다. 박근혜는 지난 2012년 3월에 열린 새누리당 중앙선거대책위원회 첫 회의에서 "이번 총선은 이념 투쟁이냐, 민생 우선이냐를 선택하는 선거"라고 말했다. "이번 총선이 과거 회귀냐, 미래로 전진이냐 갈림길에서 이념과 갈등, 말 바꾸기의 과거에서

---

54 〈박근혜 "나는 보수 아닌 중도다"〉, 《뷰스앤뉴스》, 2007.3.15.
55 우은식, 〈박근혜 "좌파니 우파니 하는 것 의미 없다"〉, 《뉴시스》, 2012.1.31.

벗어나 새로운 미래로 가는 출발점이 돼야 한다. (…) 지금 야당은 철지난 이념에 사로잡혀 국익을 버리고 나라를 혼란으로 몰아가고 있다."[56]

총선 직전 이명박 정부가 민간인을 사찰했다는 사실이 밝혀지고, 야당이 이를 통해 반새누리당 공세를 펴가자 박근혜는 다음과 같이 말했다. "이 문제를 가지고 정치권에서 계속 폭로 공방을 벌이고 서로 비방하게 되면 우리 국민들이 실망할 것이다. 이 문제는 특검에 맡겨두고 다시는 이런 문제가 발생되지 않도록 근본적인 대책을 세워야 한다. (…) 19대 국회가 시작되면 민생 문제를 해결하기 위해 여야가 24시간 일을 해도 모자랄 지경일 것이다. 그런데 민생과 상관없는 철지난 이념 논쟁과 갈등으로 계속 국회가 싸움만 하게 되면 어떻게 되겠느냐. (…) 민생은 온통 사라지고 정치권에서 투쟁과 이념 논쟁만 하게 되면 소는 누가 키우냐. 새누리당은 취업 걱정, 보육 걱정, 일자리 걱정, 집 걱정, 노후 걱정 없는 가족 행복 5대 약속을 만들었다."[57]

2012년 4월 7일 경남 지역을 방문한 박근혜는 또다시 불법 사찰에 대한 야당의 공격을 비판한다. "정치가 정말 정신을 차려야 한다, 서민들이 힘들고 어려운데 손을 잡아주지는 못할망정 짜증나게 하고 목소리만 높이는 정치세력이 있어서는 안 된다. 저희들은 민생만

56 이지선, 〈박근혜 "야, 철지난 이념 논쟁에 사로잡혀"〉, 《경향신문》, 2012.3.27.
57 조정훈, 〈박근혜 "이념 논쟁만 하면 소는 누가 키우나"〉, 《오마이뉴스》, 2012.4.5.

바라보는 정당으로 거듭나겠다. (…) 지금 야당은 불법 사찰 폭로전을 하며 새누리당 비방만 하고 있다. 새누리당은 새 국회가 시작되면 민생부터 챙기려고 한다, 그런데 야당은 사찰 청문회부터 하겠다고 한다, 여러분은 이념·정치 투쟁하는 야당에 투표할 것이냐."[58] 박근혜에게 민간인 불법 사찰은 민생과 아무런 관련도 없는 정치 문제였던 것이다.

박근혜와 박근혜 지지자들 눈에는 박근혜에 대한 네거티브와 사생활 공격이 죄다 '야비한 정치공세'로 보이는 모양이다. 2012년 대선 새누리당 대선 후보 경선에 출마한 박근혜는 정수장학회와 최태민 목사와의 관계 등을 추궁 받았다. 박근혜를 이를 야비한 네거티브라고 받아쳤다. "아무리 근거 없는 흑색선전으로 저를 비방하더라도, 흑이 백이 되고 백이 흑이 될 순 없다. (…) 요즘 우리 정치가 국민들의 민생 문제는 제쳐놓고 과거와 싸우고 네거티브와 싸우느라 바쁘다. (…) 선거 때는 민생을 챙기겠다고 국민들에게 약속하지 않았느냐. 저는 국민만 바라보고 왔다. (…) 어떤 네거티브에도 굴하지 않겠다."[59] 정수장학회 관계자 역시 현재의 정수장학회 논란이 "'박근혜 때리기' 차원의 정치공세"라고 주장했다.[60]

4·11 총선이 끝나고, 새누리당의 현영희 의원이 헌금을 내고 공

---

58 윤성효, 〈경남 찾은 박근혜 "새누리당의 이념은 민생이다"〉, 《오마이뉴스》, 2012.4.7.

59 박소현, 〈박근혜 "네거티브에 굴하지 않고 국민만 보겠다"〉, 《매일경제》, 2012.7.31.

60 최재혁, 〈[새누리 대선 후보 박근혜] 정수장학회 "박근혜 때리기 위한 정치공세"… 최필립 이사장 당분간 퇴진하지 않을 듯〉, 《조선일보》, 2012.8.23.

천을 받았다는 의혹이 제기되었다. 야당과 박근혜 비판자들은 당 공천을 이끌었던 박근혜에게 책임이 있다고 주장했다. 이에 대해서도 박근혜의 측근들과 박근혜 캠프는 '야비한 정치공세'라는 입장을 취했다. 새누리당 김재원 의원은 "박 후보에게 책임론을 제기하는 것 자체가 일종의 정치공세적인 성격이 강하다"고 말했다.[61]

박근혜가 정수장학회 관계자들을 비롯한 몇몇 지지자들에게 정치 후원금을 받았다는 사실이 알려지고, 민주통합당이 이에 대해 의구심을 제기하자 박근혜 캠프는 '정치공세'라는 입장을 취했다. 박근혜 캠프 공보단장인 윤상현 의원은 "개인적으로 후원한 것을 중앙선관위도 문제를 제기하지 않는데 왜 민주당은 치졸하게 정치공세를 하느냐"며 "후원금을 내라고 한 것도 아니고 여력이 있는 분들이 자발적으로 후원한 것 아니냐. 미래를 보고 정책 경쟁을 하자"고 말했다. 이상일 대변인도 "야당의 치졸한 정치공세"라고 말했다.[62]

박근혜와 그 측근들이 보기엔 박정희 시대의 과오를 묻는 일도 '정치공세'다. 박근혜가 박정희 시대를 평가해달라는 말을 들으면 꼭 하는 대답이 있다. "국민의 판단이나 역사의 판단에 맡겨야 한다. (…) 정치권에서 국민의 삶을 챙길 일도 많은데 계속 역사 논쟁을 하느냐."[63] 박근혜와 그 측근들 입장에서 보면 비판자들은 미래에 대해 이야기해야 할 시간에 과거의 역사를 들춰내어 이념, 역사 논쟁을 일

---

61 박순원, 〈김재원 의원 "박근혜 책임론은 정치공세"〉, 《경북매일신문》, 2012.8.17.
62 〈박근혜 측 "합법적 후원금… 치졸한 정치공세"〉, 《연합뉴스》, 2012.8.9.
63 〈박근혜 6·15 공동선언 지켜야 하지만 10·4 선언은…〉, 《연합뉴스》, 2012.7.18.

으키는 존재다. 이한구 원내대표는 "정치권 할 일은 모든 국민이 골고루 행복한 나라 만들기"라며 "미래 준비에 대해 이야기만 해도 시간이 부족한데 민주당은 몇 십 년 전에 돌아가신 고 박정희 대통령한테 시비를 거느라고 바쁜 시간을 보내고 있다"고 말했다.[64] 장준하가 박정희 정권에 의해 '타살'되었다는 의혹이 제기되자 박근혜 캠프는 이 역시도 '이미 다 조사가 끝난 일'이라며 '박근혜에 대한 정치공세'라고 주장했다. 사람이 어떻게 죽었는지를 명확히 하자는 말도 박근혜 캠프에게는 '정치공세'인 것이다.

박근혜의 중립이 얼마나 편향적인 것인지 보여준 사건이 있다. 2012년 9월 11일 박근혜는 〈손석희의 시선집중〉에 출연해 인민혁명당 사건에 대해 의견을 밝혔다.

"손석희: 예를 들면 말이죠. 사실 그동안에 특히 유신 피해자한테 그동안에 정치과정에서 나름 깊이 생각하고 사과한다는 말도 일부 하신 걸로 알고 있는데, 예를 들면 유신의 가장 어두운 부분이라고 얘기하는 인혁당 사건 피해자들에 대해서 혹시 사과할 생각이 있으신 건지요?

박근혜: 그 부분에 대해선 대법원 판결이 두 가지로 나오지 않았습니까? 그래서 그 부분에 대해서도 또 어떤 앞으로의 판단에 맡겨야 되지 않겠는가, 그런 답을 제가 한 번 한 적이 있습니다."[65]

---

64 박지숙, 〈새누리, 박근혜 공세 나선 민주당 맹비난 "DJ, 노무현에만 의존"〉, 《조세일보》, 2012.8.23.
65 〈대선 주자 인터뷰-새누리당 박근혜 대선 후보〉, 〈손석희의 시선집중〉, 2012.9.10

박근혜는 박정희 정권 하에서 사법살인을 당하고, 대법원에서도 조작을 인정한 인민혁명당 사건에 대해 다른 의견을 가진 국민도 있을 수 있기 때문에 이는 역사의 판단에 맡겨야 한다고 주장한다. 박근혜는 겉으로는 다른 의견을 포용하면서 중립적인 위치에 서 있는 것처럼 보인다. 그러나 박근혜는 다양성이라는 가면을 쓴 채 아버지는 죄가 없다고 외치고 있다. 사실관계를 분명히 하고 시시비비를 따져야 하는 일에 대해 여러 가지 의견이 있을 수 있다며 역사의 판단에 맡겨야 한다는 것은, 사실관계와 시시비비를 가리지 말자는 이야기와 같다. 이는 곧 박정희 정권의 잘못을 덮자는 것이다. 박근혜는 중립적인 게 아니라 박정희 편향적이다. 박근혜의 생각대로라면, 박근혜는 대통령이 아니라 박정희 기념관 관장을 맡는 게 더 좋을 것이다.

언론과 정치권이 박근혜의 박정희 편향성을 지적하자 박근혜의 몇몇 측근들은 '정치공세 하지 말라'는 식으로 반응했다. 이한구 의원은 정치권에서 "곰팡이 냄새가 난다"며 민생 문제를 도외시한 채 정치 논쟁만 한다고 말했다. "다들 배가 부른가 보지? (국민들은) 민생 때문에 난리인데. 그런 얘기는 안 하고." 이처럼 박근혜와 그 측근들은 본인들이 편향적이라는 사실을 인지하지 않은 채 자신에게 질문과 의혹을 던지는 이들을 구태정치 세력으로 몰아붙이고 있다.

박근혜의 나라에서 국민이란?

박근혜는 경제 문제, 민생 문제를 해결하는 게 정치인의 책무이며 국가의 중립적이고 객관적인 의무라고 말한다. 그리고 그 의무를 해결하면 모든 국민들에게 큰 도움이 된다고 말한다. 그러나 박근혜가 말하는 국가에서 이익을 누릴 수 있는 국민은 정말 '100%'일까?

앞에서도 말했듯이 박근혜가 보수층에게 강고한 지지를 받게 된 계기 중 하나는 2004년 국가보안법 투쟁이다. 박근혜는 국가보안법을 폐지하겠다는 노무현 정부와 열린우리당에 강하게 맞섰다. "남북한 간 군사적 대치 상태가 지속되고 있는 지금, 우리 체제의 근본인 자유민주주의와 시장경제를 수호하는 데 추호의 빈틈도 허락해선 안 된다. 국가보안법 폐지에 반대하고, 국가보안법을 미래지향적이고 합리적인 방향으로 개정하겠다. (…) 국가보위와 체제 수호의 최후 책임자인 대통령이 앞장서서 대한민국 체제의 무장해제를 강요하고 대한민국을 엄청난 이념 갈등과 국론 분열로 몰아넣고 있다. (…) 과거 국가보안법의 집행과정에서 일부 인권 침해 사례가 있었다는 점은 매우 유감스러운 일이나 그것을 이유로 국가보안법의 순기능마저 없앨 수는 없다. 자유민주주의와 시장경제를 지키는 마지막 안전장치인 국가보안법을 폐지하는 것을 저의 모든 것을 걸고 막아내겠다."[66]

---

66 이선민, 〈박근혜 대표 "모든 것 걸고 국보법 폐지 반대"〉, 《미디어오늘》, 2004.9.9.

박근혜는 노무현 정부의 경제 정책이 나라의 경제를 망치고 있다는 주장도 했다. "외국투자기관이라든가 회사들에서도 한국이 투자 기피국이 되어가고 있어요. 경제를 살리기 위해서 투자가 살아야 되고 소비가 살아야 되고 그런 얘기 많이 하지만, 그걸 어떻게 살릴 겁니까? 근본 문제들(시장경제)이 흔들리니까 도망가는 거예요. 외국의 전문가들도 한국의 경제가 좌파, 사회주의로 가고 있다는 불안감이 투자를 못하게 한다는 분석이 있습니다."[67]

사학법 논란 때도 마찬가지였다. 박근혜는 노무현 정부의 사학법 개정을 막기 위해 촛불까지 들고 반대 집회를 했다. 이에 대해 박근혜는 국회 밖에서 장외 투쟁을 하는 것에 부담을 느꼈지만 우리 아이들의 미래가 달린 일이기 때문에 장외 투쟁을 결심했다고 말한다. '특정 이념을 가진 이들이 교육을 장악하려 한다'고 주장하면서 말이다.

박근혜는 이념이 아니라 민생을 생각하자고 주장해왔다. 국가보안법을 둘러싼 정체성 논란은 이념 투쟁이 아니라 민생 투쟁인가? 노무현 정부를 좌파라고, 사회주의라고 비난하는 건 이념 투쟁이 아니라 민생 투쟁인가? 노무현 정부의 사학법 개정이 특정 이념을 가진 자들이(좌파) 교육을 장악하려는 시도라고 비판하는 건 이념 투쟁이 아니라 민생 투쟁인가? 박근혜는 입으로는 민생 투쟁을 달고 살면서 왜 상대편을 좌파, 사회주의라고 규정하는 이념 투쟁에 앞장서는 것일까?

---

67 〈박근혜 대표의 도전과 향후 과제는?〉, 〈MBN 정운갑의 집중분석〉, 2004.8.4.

2012년에도 마찬가지였다. 박근혜는 통합진보당의 이석기, 김재연 의원에 대해 "기본적인 국가관을 의심받는 사람들이 국회의원이 돼서는 안 된다"고 말했다. 새누리당 지도부는 통합진보당과, 통합진보당과 연대한 민주통합당까지 함께 묶어 '종북' 딱지를 붙였다. 이한구 원내대표는 최고위원회의에서 "지금 우리 정치권에서는 종북주의자나 심지어는 간첩 출신들까지도 국회의원 되겠다고 나서고 있다"고 주장했다. 새누리당의 조동원 홍보기획위원장도 "대한민국을 부정하는 사람들이 국회의원이 됐다"며 "민주통합당은 대한민국을 부정하는 세력이 없으면 없다, 있으면 있다, 말씀을 피하면서 색깔론이나 매카시즘이라 하면서 뒤로 숨고 있다. 1명인지, 10명인지, 아니면 그러한 사람이 없는 건지 솔직하게 말하라"고 공세를 펼쳤다.[68] 민생 문제밖에 모르는 박근혜와 그 측근들은 왜 이렇게 이념 투쟁에 열심인 것일까?

박근혜는 4·11 총선을 4일 앞둔 2012년 4월 17일 경남을 방문해 야당을 비판하며 다음과 같이 말했다. "한 야당은 미군 철수와 한미동맹 해지, 대기업 해체를 주장하고, 다른 한 야당은 이 야당과 손을 잡고 한미 FTA와 제주 해군기지 폐지를 바라고 있다. 표를 위해서라면 국익마저 저버리는 당이 다수가 되면 우리 국회는 어떻게 되겠느냐."[69] 박근혜는 미군 철수와 한미동맹 해지 및 대기업 해체, 한미 FTA 반대, 제주 해군기지 반대를 '국익을 저버리는' 행위로 평가

---

68 박세열, 〈박근혜, '이념 전쟁' 올인… '어게인 2004'?〉, 《프레시안》, 2012.6.7.

한다. 그러나 많은 국민과 다수의 사람들이 이를 원하면 시행해야 하는 것이 정치인의 의무가 아닌가? 이에 대한 박근혜의 대답은 '표를 위해서 국익을 저버리지 말라'는 것이다. 언제는 국민의 뜻을 말하더니, 국민의 뜻보다 더 중요한 '원칙'이 있는 모양이다.

그렇다면 누가 국민인가? '국민의 이익'을 실현하기 위해서는, 민생을 살피기 위해서는 먼저 누가 '국민'인가에 대한 정의가 필요하다. 박근혜는 자유민주주의와 시장경제라는 대한민국의 헌법질서와 국가정체성을 잣대로 누가 국민인지 아닌지를 정의 내린다. 박근혜는 〈MBN 정운갑의 뉴스분석〉에 출연해 "왜 민생 문제로 시급한 이 시기에 이념 논쟁을 하느냐는 이야기가 있다는 걸 안다"며 "경제 문제도 결국 자유민주주의나 시장경제라는 대한민국의 국가정체성이 바로잡혀야 해결된다"[70]고 대답했다. 박근혜는 노무현 정부의 경제 정책이 사회주의적이라 기업 투자가 줄었다는 맥락에서 한 말이지만, 필자에게는 이 말이 민생을 살리기 이전에 '민(民)'이 누구냐는 것부터 바로 정의해야 한다는 뜻으로도 들린다. 이 역시 박근혜의 보수주의자의 면모를 잘 보여주는 대목이다. 보수주의자에게 가장 중요한 것은 현재의 질서이며. 이들은 민주주의 앞에 '자유'라는 가치를 붙이는 등의 방식으로 다수가 현재의 질서를 뒤집어엎는 것을 막으려고 한다. 표현의 자유도 좋고 다양한 정책도 좋지만 '자유'를 해치

69 윤성효, 〈경남 찾은 박근혜 "새누리당의 이념은 민생이다"〉, 《오마이뉴스》, 2012.4.7.
70 〈박근혜 대표의 도전과 향후 과제는?〉, 〈MBN 정운갑의 집중분석〉, 2004.8.4.

면 안 된다. 그리고 보수주의자 박근혜는 국가보안법 폐지, 정부의 시장 개입, 사학법 등을 자유를 침해하고 대한민국의 정체성(대한민국 질서)을 흔드는 행위로 파악한다.

박근혜의 나라에서 '국민' 자격을 얻으려면 꽤나 까다로운 이념 검증을 거쳐야 한다. 박근혜는 2004년 열린우리당과 국가정체성 논쟁을 벌이며, "대한민국 헌법질서를 지키지 않으려면 정당 간판을 떼라"고 말했다. 박근혜와 그 지지자들 눈에는 한미 FTA를 반대하여 국익을 해치는 이들은 국민이 아니다. 국가안보에 반드시 필요한 한미동맹을 부정하고 제주 해군기지에 반대하는 이들은 국민이 아니다. 대기업 해체를 주장하고 세금을 늘리자고 주장하며 시장경제를 해치는 이들은 국민이 아니다.

박근혜는 이전부터 '국민'을 자의적으로 제한하는 태도를 보였다. 박근혜는 1988년 〈박경재의 시사토론〉에 출연한다. MC 박경재는 박근혜에게 "10·26 사건이 없이 박정희가 정권에서 물러났다면 박정희는 국민적 비판이나 저항에 부딪히지 않았을까"라고 묻는다. 그러자 박근혜는 다음과 같이 대답한다.

"그동안 10년 동안 너무나 왜곡 일변도로 아버지와 아버지가 하신 일을 깎아내리려는 세월만 살아 오셨기 때문에 그것만 보셔서 온통 국민이 아버지를 독재자로서 미워하고 그런 걸로 생각을 하고 계신데 제가 여기서 실제 추모영화를 보러 오시는 분들이나 묘소를 가보거나, 또 새마을 지도자 기타 많은 분들을 만나볼 때 아버지 어머니를 추모하는 국민의 마음은 참 굉장히 지극하다는 걸 피부로 느낄 수가 있어요. 나라를 위해서 모든 것을 바쳐서 일하고 나오신 부모님께, 아! 그때 어머님은 안 계셨으니까, 아버님께 우리 국민이 악인들이에요? 왜 그렇게 저항을 하고 그래요?"[71]

박근혜 눈에는 박정희의 영웅성을 인정하고 박정희를 추모하는 사람만 '국민'으로 보이는 것이다. 박정희에게 죽어가고, 저항한 국민은 보이지 않는 것 같다. 그들은 국민이 아니라 '악인'이다.

박근혜는《뷰스앤뉴스》와의 인터뷰에서 "만약 자유민주주의와 시장경제라는 헌법적 가치를 지키고, 잘못된 부분을 고치는 것이 보수라면 나는 자랑스럽게 보수를 선택할 것이고, 그런 게 진보라면 자랑스럽게 진보를 선택할 것이다"[72]라고 말했다. 박근혜는 마치 자신이 보수도 될 수 있고 진보도 될 수 있는 '유연한 사람'인 것처럼 스스로를 포장했지만, 실상은 전혀 아니다. 박근혜는 자유민주주의와 시장경제, 헌법적 가치가 매우 객관적이고 중립적인 기준이라고 생각하겠지만, 과연 그럴까?

무엇이 자유민주주의인가? 무엇이 시장경제인가? 무엇이 헌법적가치인가? 헌법과 헌법 안에 쓰인 "대한민국은 자유민주주의 국가이며 시장경제를 따른다"는 문구는 한 국가의 구성원을 묶어주는 느슨

---

71 박세열, 〈박근혜 "국민이 악인이에요? 왜 아버지에 저항해요?"〉,《프레시안》, 2012.9.14.
72 〈박근혜 "나는 보수 아닌 중도다"〉,《뷰스앤뉴스》, 2007.3.15.

한 이념에 불과하다. 구체적인 내용이 무엇인지까지 미리 정해져 있지 않다는 것이다. 자유로운 시장경제를 지향한다고 해놓고 어떤 부분에서는 정부가 시장에 개입할 수 있다고 말한다. 국민의 권리와 자유를 중요시한다면서도 법률로 권리와 자유를 제한할 수 있다고 말한다. 헌법은 해석하기에 따라 모순덩어리일 수 있고, 그 해석은 전적으로 '현재'를 살아가는 우리들에게 달려 있다.

그러나 박근혜는 자신과 자신의 지지자들이 동의하는 '해석'을 내세우며 이것이 마치 중립적인 것처럼 말한다. 대한민국 국민이라면 이를 당연히 지켜야만 하고, 지키지 않으면 대한민국 국민이 아닌 것처럼 말한다. 그렇다면 박정희는? 박정희는 4·19 정부를 군사쿠데타로 무너뜨렸고, 대통령의 재선만 허락했던 헌법을 고쳐 3선이 가능하도록 만들었고, 10월 유신을 통해 독재체제를 수립했다. 그렇게도 중요하다는 헌법을 3번씩이나 어긴 박정희에 대해 박근혜는 '어쩔 수 없는 선택'이라고 말한다. 박정희가 헌법을 유린하면 그건 구국의 결단이고, 진보 세력이 자신의 헌법 해석에 조금이라도 동의하지 않는 행동을 하면 그건 '대한민국 국민'이 아닌 건가? 참으로 기만적인 이중 잣대다.

박근혜식 화합 정치는 무엇일까?

박근혜에게는 국민이 아닌 너무나 많은 '적'들이 도처에 있다. 하지만 그들을 적으로 규정하고 강하게 투쟁하는 태도는 박근혜의 이미지를 깎아먹는다. 박근혜는 국민 분열을 극도로 혐오하고, 화합과 통합을 내세우기 때문이다. 그래서 박근혜는 '통 큰 통합'을 연출한다.

박근혜는 아버지 박정희와 자신의 정적들을 찾아가 손을 내밀었다. 박근혜는 박정희의 가장 큰 정적이었던 김대중 전 대통령의 고향 호남을 찾아가 화합을 강조했다. 박근혜는 2012년 7월 26일 광주를 방문한 자리에서 "살아생전, 김대중 대통령께서 저에게 '국민 화합의 최적임자'라고 말씀해주셨다"며 "지역과 이념, 계층과 세대를 넘어, 100% 대한민국을 완성하는 대통령이 되겠다"[73]고 말했다. 새누리당 대선 후보로 선출되자 제일 먼저 고인이 된 노무현 대통령의 묘역을 방문하고, 노무현의 부인 권양숙 여사를 찾아가 인사를 나누었다. 박근혜는 노무현 정부 시절 노무현을 일컬어 "참 나쁜 대통령"이라고까지 말한 적이 있다. 참 나쁜 대통령과 화합을 시도한 것이다. 이어 김대중 대통령의 묘역을 방문하고, 김대중의 부인 이희호 여사를 찾아가 인사를 나누었다. 박정희의 또 다른 정적, 김영삼 전 대통령도 찾아갔다.

야권은 박근혜의 이런 행보를 '일회성 쇼'라고 비난을 퍼부었다. 그러나 통합을 내세워 껄끄러운 정적들을 찾아다니는 박근혜의 행보는 일종의 '패턴'에 가깝다.《데일리안》에 따르면 박근혜는 2004년 한나라당 당대표로 선출된 이후 첫 방문지로 광주를 택했고, 2006년

---

73 김희원, 〈박근혜 "호남은 박근혜가 키우겠다"〉, 《폴리뉴스》, 2010.7.26.

당대표 자격으로 방문한 마지막 공식 방문지도 광주였다. 2006년 지방선거 때의 첫 번째 방문지, 대표 재임 중 전국 단위로 치렀던 모든 행사의 첫 방문지도 광주였다. 보궐선거에서는 가능성 '0%'였던 호남 지역의 후보까지 적극 지원했고, 전국 단위로 실시한 인재영입위원회나 정책토론회, 공천회는 무조건 호남에서 가장 먼저 시작하도록 했다.[74] 김대중 전 대통령을 찾아가 인사를 나눈 것도 처음이 아니며, 1960년대 대표적인 반 박정희 인사였던 장준하의 유족들 찾아가기도 했다.

그러던 박근혜가 전태일 열사까지 찾아 나섰다. 전태일재단을 방문하겠다고 밝힌 것이다. 박근혜는 전태일재단을 방문해 1주기를 맞이한 전태일 열사의 어머니 고 이소선 여사를 추모하고 청계천에 위치한 전태일 열사 동상 등을 둘러볼 계획이었다. 전태일재단은 방문을 거부했고, 그러자 박근혜는 전태일 다리에 있는 전태일 열사의 동상에 꽃을 헌화하려고 했으나 무산되었고 다시 쌍용자동차 해고 노동자들이 농성하고 있는 대한문으로 발걸음을 옮겼다가 노동자들이 반발하자 그냥 돌아갔다.

자, 이쯤 되면 박근혜가 '국민 통합', '화합'을 외치며 하는 행동이 무엇인지 그 '패턴'이 보이지 않는가? 박근혜는 방문과 악수, 인사를 '통합', '화합'과 동일시하는 듯하다. 통합하기 참 쉽다. 정적이 있으면, 정적을 찾아가 악수하면 그게 통합이다. 홀대한 지역에 찾아가

---

74 윤경원, 〈박근혜 허 찌른 통합 행보 사실은 8년전부터〉,《데일리안》, 2012.8.28.

이제 홀대 안 하겠다고 말하면 그게 통합이다. 정권의 반 노동 정책으로 인해 사망한 노동자들이 있으면 찾아가 참배하면 끝이다.

2012년 8월 28일, 박근혜가 전태일 열사의 동상에 헌화를 하려다 무산된 이유는 금속노조 쌍용차 지부장 김정우의 항의를 받았기 때문이다. 김정우 지부장은 쌍용차 문제를 해결하지 않으면서 전태일 열사와 화해하겠다는 것은 사기극이라고 주장했다. 박근혜는 앞을 가로막은 김정우를 바라보지 않고 전태일 동상만 바라보았다. 기자들은 박근혜의 얼굴만 찍었다. 박근혜의 경호원들은 전태일 동상에 헌화하는 것을 막고 있는 김정우의 멱살을 잡아 끌어내리려고 했다. 그러나 결국 김정우의 거센 항의에 부딪혀 박근혜는 헌화를 포기하고 발걸음을 돌렸다.

박근혜는 과거의 적들과는 화해할 수 있어도 현재의 적들과는 화해할 수 없다. 과거의 적의 명복을 빌 수는 있어도 현재의 적들에게는 무관심하다. 박근혜는 죽은 전태일과 화해하기 위해 살아 있는 김정우의 멱살을 잡아 끌어내리려고 했다. 박근혜의 눈은 자신에게 문제 해결을 요구하는 노동자가 아니라 이미 죽어 동상으로 남은 전태일을 향했다.

박근혜가 국민 통합을 하고 싶다면 지금 대한민국의 노동자들이 처한 문제를 해결하면 된다. 그러나 그녀는 그렇게 하지 않는다. 민주통합당 은수미 의원은 "전태일의 죽음은 과거가 아닌 현재이다. 지금도 수많은 전태일이 고통 받고 있다"며 박근혜를 비판했다. "전태일은 1970년에 죽었지만 2012년 최소 400만 명의 비정규직이 고통 받고 있으며 쌍용자동차 조합원은 벌써 22명이 죽었고 삼성에서 일하다 백혈병에 걸려 죽은 노동자도 56명이다. 현실의 전태일에 대해 한 마디 말도 없이, 최저임금도 모른다는 박근혜 후보가 전태일재단을 방문하는 것은 전태일을 두 번 죽이는 일이다." 전태일 열사의 동생인 전순옥 민주통합당 의원은 "현재의 노동 문제 해결이 우선이다"라고 말했다.[75]

박근혜는 절대로 살아 있는 전태일과 화해할 수 없다. 박정희는 국가 중심의 경제개발과 이 과정에서 벌어진 노동자들의 착취를 어쩔 수 없는 것으로 치부했다. 전태일은 이에 저항하고, 노동자들을 조직하여 박정희 시대가 어쩔 수 없는 것이 아니라는 사실을 온몸으로 알린 사람이다. 화해와 사과는 가해자가 피해자에게 얼굴을 붉히며 본인의 행동이 잘못되었다고 말하는 행동이다. '본의와 다르게' 피해를 입은 분들께 사과한다는 박근혜가, 5·16이 구국의 혁명이며 박정희가 한국 역사에 꼭 필요했다고 주장하는 박근혜가 박정희를 통째로 부정한 전태일과 화해할 수 있을까? 박근혜는 죽은 전태일하고만 화해할 수 있다.

박근혜는 노동자가 처한 현실에 침묵했다. 비정규직이 늘어나도, 해고 노동자들이 죽어나가도, 그건 박근혜의 관심사가 아니다. 국가는 노동자들에게 공평한 기회를 제공했고, 지나친 파업과 노동자들의

---

75 장여진, 〈박근혜 후보 전태일재단 방문 무산돼 은수미, "전태일 두 번 죽이는 일"〉, 《레디앙》, 2012.8.28.

이기주의는 국가의 경쟁력을 좀먹기 때문에 국가는 노동자들의 편을 들어서는 안 된다. 박근혜의 나라에서 노동자들은 국민이 아니다.

박근혜는 박정희가 김대중을 탄압하던 시절이 아니라, 박정희가 죽고 김대중도 대통령직에서 물러난 이후에야 김대중과 화합할 수 있었다. 박근혜는 노무현이 죽고 나서야 노무현과 화해했다. 박정희가 노동자들을 때려잡던 시절에는 전태일과 화합할 수 없었다. 박근혜는 박정희의 정적이었던 장준하의 유가족들을 찾아가 화해했다. 그러나 장준하가 박정희 정권에게 타살되었다는 사실이 밝혀지자 박근혜와 그 측근들은 '정치공세'라며 눈을 부라렸다. 박근혜에게 죽은 장준하는 화해의 대상이다. 하지만 장준하가 '현재'의 문제로 다시 살아난다면 박근혜는 장준하와 화해할 수 없다. 그렇기 때문에 박근혜의 통합과 화합의 방식은 항상 방문, 인사, 참배이다. 박근혜는 과거와 화합할 수 있어도 현재와 화합할 수 없다.

박근혜는 왜 사과한 걸까?

물론 박근혜도 '사과'를 표명했다. 아버지를 무조건 옹호하던 태도에서 벗어나려고 했다. 박근혜는 2012년 9월 24일 긴급 기자회견을 열어 5·16, 유신, 인혁당 사건에 대한 입장을 밝혔다. "5·16, 유신, 인혁당 사건 등은 헌법 가치가 훼손되고 대한민국 정치 발전을 지연시키는 결과를 가져왔다고 생각한다. (…) 이로 인해 상처와 피해를

노무현과 이명박, 박근혜의 국가관

자신이 설정한 기준대로 국가와 국민을 규정하고, 반대 세력을 '정치적 이유'로 국익에 도움이 되는 일을 방해하는 집단 정도로 규정하는 태도는 박근혜 고유의 것이 아니다. 노무현과 이명박은 어땠는가? 노무현과 이명박, 박근혜에게는 공통점이 있다. 자신을 진보, 보수를 뛰어넘는 좌파 우파를 뛰어넘는 국가, 민족, 국민의 대변자로 규정한다는 것이다.

노무현의 국가와 노무현의 국민

노무현은 지역주의를 없애고 국민 통합을 이루겠다며 집권했다. 그는 국가가 전체 국민이 아니라 기득권층의 이익만을 대변하고 있다고 주장했다. 국민들은 자신을 대변해줄 국가를 찾았고, 그것이 노무현이었다. 노무현이 탄핵되었을 때 지지자들과 국민은 국민이 뽑은 대통령을 기득권층이 끌어내리려 한다며 노무현을 지켜주었다.

그러나 노무현과 그 지지자들에게 정권에 반대하는 이들은 '국민'이 아니었다. 2004년 6월 22일 이라크에서 활동하던 한국 군납업체 가나무역 직원 김선일이 이라크 무장단체에게 납치되어 피살당했다. 그러나 노무현 정부는 파병 철회를 할 수 없다며 '국익'을 내세워 국민 김선일이 죽는 걸 방치했다. 열린우리당 국회의원 유시민은 "사람 하나 죽었다고 파병을 철회해야 합니까?"라고 되물었다.

노무현의 극렬 지지자들인 '노빠'들은 인터넷에서 행패를 부렸다. 김선일을 구하라고 외치는 민주노동당에게 경상도 냄새가 난다고 비아냥거렸다. 우리의 '노짱'을 괴롭히려고 수구꼴통 한나라당 편을 든다면서 말이다. 지역주의를 청산한다고 모인 이들이 경상도 어쩌구 하는 표현을 쓰는 것도 충격적이었지만, 더한 것은 자신들을 지지하지 않으면 모두 한나라당 편이고 국가와 민족, 국민의 적이라는 식의 행태였다. 또한 '노빠'들은 김선일의 가족들이 보상금을 노리고 정부에 무리한 요구를 한다던가, 유가족들이 장례식장에 온 당시 한나라당 박근혜 대표를 껴안았다면서(김선일 유가족은 박근혜랑 같은 편, 우리랑은 적) '국민' 김선일의 죽음을 모욕했다. 노무현 정부와 노무현 지지자들이 입에 쉰내가 나도록 들먹거리는 '국민'에 김선일은 포함되지 않았다.

한미 FTA를 추진할 때는 또 어땠는가? 노무현 정부는 제대로 된 공청회 한 번 열지 않은 채 일방적으로 한미 FTA를 '공표'했다. 반대하는 노동자들을 구속하고, 반대하는 시민단체들의 돈줄을 끊으려 했다. 노무현 정부는 한미 FTA가 국가의 발전을 위해, 국익을 위해 꼭 해야 하는 일이라고 생각했다. "한미 FTA에 대한 찬성과 반대보다 내용적 토론이 필요하다. 시민사회단체에 부탁하건대 내용을 가지고 토론하자. FTA 자체를 문제 삼으면 토론할 필요가 없다."[76](노무현) "FTA를 반대하는 진보 세력이 좋든 싫든 대한민국 앞에 놓인 길이 하나뿐임을 인정하고, 비판할 것은 비판하되 큰 틀에서는 이와 같은 국가 발전 전략을 수용

---

76   민주노총 홈페이지(nodong.org)에서 인용.

하고 협력하는 결단을 내려주길 바란다."[77](유시민)

노무현 정부는 자신들이 하는 일이 좌파—우파, 보수—진보를 떠나 국익을 위해 '반드시' 해야 하는 일이라고 주장했다. 그런 이유 때문인지 자신들에게 반대하는 이들을 용납하지 않았다. 노무현 정부는 한미 FTA에 반대하는 사람들을 현실을 잘 알지도 못하면서 정치적인 이유로 국가 중대사의 발목을 잡는 사람들 정도로 치부했다.

이명박의 국가와 이명박의 국민

이명박의 국가관도 노무현과 크게 다르지 않았다. 이명박은 애초에 민주주의와는 거리가 먼 CEO 출신이다. 국민도 일을 잘하기 때문에 경제를 살릴 거라 생각하고 이명박을 뽑았다. 이명박은 일을 일단 하기로 결정했으면 무조건 밀어붙여야지 국회에 모여 서로 싸우는 여의도식 의회정치를 혐오했다. 그래서인지 집권 후에도 자신의 정책에 반대하는 사람들에게 "정치적으로 생각하지 말라"는 주문을 유난히 많이 했다.

이명박은 대선 때 충청도에 세종시 건설을 약속한 일을 번복하며 "표를 얻기 위해 무리한 약속을 했다"고 고백했다. 그러면서 자신이 주장하는 세종시 수정안에 반대하는 사람들에게 국가 중대 사업을 '정치적 이유'로 반대해서는 안 된다

---

77   유시민, 《대한민국 개조론》, 돌베개, 2007.

고 말했다. 한반도 대운하를 가지고 정치권에 찬반 논란이 일었을 때도 이명박은 "국가의 중대사를 정치적인 이유로" 방해해선 안 된다고 말했다.

이명박의 논리에 따르면 자신이 추진하는 일은 국가와 민족을 위해 무조건 좋은 일이고, 이를 반대하는 것은 무조건 정치적인 행위이다. 《동아일보》기자가 인터뷰에서 레임덕이 두렵지 않느냐고 질문하자 그는 레임덕 같은 것은 권력을 가지고 정치하는 사람들이나 두려워하는 것이지 자신처럼 일하는 사람에게는 두렵지 않은 것이라고 대답했다. 자산을 권력을 잡은 정치인이 아니라 국민을 위한 일꾼, 국가의 CEO 정도로 인식하고 있는 사고방식이다.

촛불집회에 시민들이 100만 명이 나와도 이명박은 이를 '여론'으로 받아들이지 않았다. 명박산성을 쌓아두고 시민들을 국민이 아닌 이방인 취급했다. 국가와 국민, 국익을 위해 지도자와 행정부가 올바른 일을 하고 있는데 왜 반대한단 말이냐? 아, 저것들은 국민이 아니다. 촛불시민들은 명박산성 뒤에서 "대한민국은 민주공화국이다. 대한민국의 모든 권력은 국민으로부터 나온다"라고 외쳤다.

그렇다면 박근혜는?

박근혜의 국가는 노무현의 국가나 이명박의 국가와 다를까? 박근혜는 국민과 함께 가는 리더십, 국민 행복 도우미 국가를 추구한다. 하지만 앞에서 말했듯이 자의적인 시각으로 '국민'을 규정하는 태도는 박근혜도 마찬가지이다.

노무현의 국가는 자신들의 국가가 중립적인 척했다. 노무현의 국가는 정치 개혁과 대한민국의 발전이라는 대의를 내세웠고, 이 대의를 위해 정책들을 밀어붙였다. 이 대의는 국민 모두에게 좋은 중립적인 것처럼 보였지만, 사실은 매우 편향적인 것이었다. 한미 FTA 같은 이해관계가 첨예하게 갈리는 사안을 국민 모두의 이익이라는 애매한 틀로 감싸 안으며 갈등을 덮으려 했다.

이명박의 국가도 마찬가지였다. 경제 성장과 국가의 미래를 내세우며 4대강 등을 밀어붙였다. 이명박의 정책들은 국민 모두에게 좋은 중립적인 것처럼 보였지만, 사실은 매우 편향적인 것이었다. 박근혜의 국가도 마찬가지 아닌가? 그는 국민 모두의 손을 잡는 리더십을 제안했지만, 그 손을 잡을 수 있는 국민은 별로 없을 것 같다.

참조 : 조윤호, 《개념찬 청춘》, 씨네21북스, 2012.

입은 분들과 그 가족들에게 다시 한 번 진심으로 사과드린다. (…) 국민대통합위원회를 설치해 과거사 문제를 비롯한 국민들의 아픔과 고통을 치유하도록 노력하겠다."

박근혜 측근과 보수언론들은 박근혜가 통 큰 사과를 했다고 칭찬했다. 김종인 전 비대위원은 박근혜가 "큰 지도자의 자세"[78]를 갖추었다고 칭찬했고, 《조선일보》는 측근들의 이야기를 전하며 박근혜가 기대 이상으로 훨씬 더 세게 나왔다고 높이 평가했다. 박근혜의 정적들도 일단 환영하는 입장을 밝혔다. 민주통합당은 "박 후보가 유신과 5·16에 대해 헌법 가치를 훼손하고 정치 발전을 지연시키는 결과를 낳았다고 인정한 점에 대해 상당히 전향적이고, 나아가 당시 피해자들에게 나름대로 사과한 것은 높이 평가한다"[79]는 논평을 내놓았다. 박근혜의 대선 라이벌인 문재인 캠프와 안철수도 "환영한다"고 말했다. 인혁당 당사자인 유인태 민주통합당 의원도 "지금까지 했던 발언에 비해 진일보한 것은 사실인 것 같다"고 말했다.

박근혜 지지자들과 야권 정치인들의 말대로, 박근혜 새누리당 대통령 후보의 사과는 기존 발언과 비교해보면 크게 전향적인 태도라고 볼 수 있다. '역사에 맡겨야 한다'는 주장이 "헌법 가치가 훼손된 사건"이라는 평가로 바뀌었으며, 관련 피해자들에게도 '유감'이라는 간접적 표현을 쓰다가 '사과'라는 직접적인 표현을 썼다.[80]

---

78 안홍기, 〈김종인 "박근혜 사과, 큰 지도자 자세 갖춰"〉, 《오마이뉴스》, 2012.9.24.
79 〈박근혜 '과거사 사과'… 대선 판도 영향은〉, 《연합뉴스》, 2012.9.24.

하지만 박근혜의 사과를 긍정적으로만 받아들일 수 없는 면이 있다. 첫째, 박근혜는 왜 사과를 한 걸까? 박근혜는 지지율이 높았을 때는 자신만만하게 5·16이 구국의 혁명이라고 주장하며 역사의 판단에 맡기자고 말했다. 그러나 박근혜가 인혁당 사건을 역사의 판단에 맡겨야 한다는 말을 하고, 박근혜의 측근들이 불법 자금을 받았다는 의혹들이 터져 나오며 지지율이 하락하기 시작했다. 견고한 40%의 지지율이 30%까지 내려갔다. 게다가 박근혜의 지지율이 두 후보에게 뒤지는 여론조사가 등장했다. 그러자 박근혜는 서둘러 과거사 문제를 정리한 것이다. 소신과 신뢰의 정치인이라는 박근혜가 급하게 사과를 한 것이다. 진정성이 의심되는 대목이다.

《연합뉴스》는 측근들이 박근혜에게 사과를 종용했다는 내용을 보도했다. "이 같은 상황 변화에 위기감을 느낀 참모들은 박 후보 본인이 과거사 문제를 조속히 정리하고 이에 걸맞은 과감한 대통합 행보를 보여줘야 역사 문제에 민감한 유권자 층을 끌어안을 수 있다고 조언해왔다. 측근들은 특히 민심이 흩어지고 모이는 이번 추석 연휴가 대선 판의 초반 판세를 가른다고 보고 여러 채널을 통해 '추석 전 정리'를 전 방위로 주문한 것으로 알려졌다."[81]

많은 이들이 이런 이유로 박근혜의 사과를 비판했다. 인혁당 유가족은 "지지율이 하락하여 수세에 몰리게 되자 오로지 대통령이 되기

---

80 정상근, 정철운, 〈"누가 아버지 무덤에 침 뱉으라 했나… 상식 회복 바라는 것"〉, 《미디어오늘》, 2012.9.24.
81 〈박근혜 '과거사 사과'… 대선 판도 영향은〉, 《연합뉴스》, 2012.9.24.

위해 새삼 마음에 전혀 없는 말로 사과를 이야기하는 것은 국민들을 호도하려는 것"[82]이라고 비판했다. 인혁당의 피해자인 고 우홍선 씨의 부인 강순희 씨도 "처음부터 이런 말을 했으면 '그런 마음으로 정치하려나 보다'고 생각했을지 모르나 지금은 궁지에 몰려서 누가 써준 글을 그대로 읽는 느낌"이라며 "진심이 와 닿지 않는다"[83]고 말했다. 새누리당 안에서도 비슷한 이야기가 흘러나왔다. 새누리당의 한 수도권 중진 의원은 "안 할 수도 없었겠지만 너무 늦었다"며 "지지율이 떨어지니까 뒤늦게 사과하는 모양새여서 속 보이고 진정성이 없는 것으로 국민 눈엔 비칠 것"이라고 말했다.[84]

박근혜의 사과에 우려를 표명할 수밖에 없는 이유는 또 있다. 박근혜는 사과를 하면서도 쓸데없는 과거 이야기는 그만하고 미래를 위한 민생 이야기를 하자는 생각을 그대로 가지고 있다. 박근혜는 기자회견을 시작하면서 "저는 이번 대선이 우리 대한민국의 미래 비전과 민생 정책을 놓고 경쟁하는 장이 되어야 한다고 굳게 믿습니다. 그런데, 과거사 논쟁으로 인해 사회적인 논란과 갈등이 지속되는 것을 보면서, 안타까운 마음으로 많은 고뇌의 시간을 가졌습니다"라고 말했다. 기자회견을 마무리하면서도 "이제는 서로 존중하면서 힘을 합쳐 더 큰 국가 발전을 위해 노력해야 한다고 생각합니다. '과거

82 〈인혁당 유가족 "박근혜 사과, 마음에도 없는 거짓말"〉, 《뉴시스》, 2012.9.24.
83 임기창, 김지헌, 〈인혁당 유족 "박근혜 사과, 누가 써준 글 읽은 느낌"〉, 《연합뉴스》, 2012.9.24.
84 김외현, 〈'아버지 과오' 고개 숙인 박근혜… 당내서도 '너무 늦었다' 한숨〉, 《한겨레》, 2012.9.24.

와 현재가 싸우면 미래를 잃는다'고 했습니다. 이제는 증오에서 관용으로, 분열에서 통합으로, 과거에서 미래로 나아가야 합니다"라고 말했다. 과거사 논쟁을 국민을 분열시키고, 논란을 일으키는 일 정도로 치부하면서 계속 미래로 나가자고 말하는 것이다.

기자회견을 마치고 부산에서 열린 새누리당 부산 선거대책위원회 발대식에 참여해서도 비슷한 말을 했다. "선거 과정에서 네거티브나 과거 논쟁으로 일관해서는 국민들께 희망을 줄 수 없다. (…) 그 어떤 유혹에도 흔들리지 말고, 새누리당의 모든 분들이 힘을 모아 민생의 고통을 해결하는 정당, 미래로 나아가는 정당으로서, 그런 정치를 해야 한다."[85] 자신의 사과로 역사 논란은 끝났으니 더 이상의 논란은 구태 정치, 네거티브라는 것이다.

박근혜는 사과 발언을 하기 전 과거사 논란에 대해 언젠가 "죽 한 번 정리를 하려고 한다"고 말했다. 날 잡아서 사과를 할 테니 더 이상 과거 이야기는 하지 말자는 걸까? 과거에 얽매이는 건 구태 정치이고 미래를 바라보는 건 국민의 바람이자 민생 정치라는 태도는 사과를 하기 전이나 사과를 하고 나서나 변한 게 없다. 박근혜는 사죄하기 위해서가 아니라 귀찮은 논쟁을 한 번에 정리하기 위해 사과를 한 것이다. 진보 논객 고은태는 이에 대해 다음과 같이 비판했다. "결국, 박근혜 씨에게 인혁당이나 유신 독재에 대한 문제제기는 증오와

---

85 이경태, 유성호, 〈부산 찾은 박근혜 "과거 논쟁 일관해선 희망 못 줘"〉, 《오마이뉴스》, 2012.9.24.

분열로밖에는 보이지 않는다는 의미인가? 정당하고 꼭 필요한, 그리고 결과적으로는 우리의 미래를 위한 중요한 지표가 될 문제제기에 대해 그저 종결짓고 치워버려야 할 과거로 인식한다는 것은 여전히 박근혜 씨의 사과가 근본적인 역사의식에서 별다른 변화가 없음을 보여주는 것은 아닌지 걱정스럽다."[86]

하지만 박근혜가 과거와 화합하고, 사과하면서 미래로 나아가는 건 불가능한가? 김대중과 화합하면서 다시는 김대중이 당했던 인권 침해가 반복되지 않는 나라를 만들겠다고 말할 수도 있다. 인혁당 피해자들에게 사과를 표명하면서, 국가권력에 의한 사법 살인이 일어나지 않도록 어떤 식으로 제도적 보완을 할 것인지 밝힐 수 있다. 박근혜가 전태일을 추모하면서, 자본과 국가권력이 노동자들을 탄압하지 않기 위해 무엇이 필요한지 말할 수 있다. 그것이 바로 과거와 화합하면서 동시에 미래로 나아가는 길이다. 그러나 박근혜는 그렇게 하지 않는다. 그것이 박근혜의 가장 큰 한계이다.

박근혜는 자신의 나라가 중립적이고, 어느 정파에 편향되지 않은 채 국익만을 추구한다고 생각할지도 모른다. 하지만 박근혜의 나라는 매우 편향적인 나라다. 박근혜의 나라에서 국민이 되는 건 너무 힘들다. 박근혜의 나라에 저항하다 죽으면, 박근혜와 싸운 뒤 수십 년이 지나고 나면 박근혜가 찾아와 국민으로 인정해주지 않을까?

---

86 고은태, 〈박근혜 씨, 사과는 좋은데 방향이 틀렸어요!〉, http://blog.ohmynews.com/litmus/178762

3부

진보는 보수를

넘어설 수 있는가

앞에서 우리는 왜 보수가 박근혜에 열광하는지, 그리고 박근혜의 리더십과 박근혜의 국가관이 무엇인지 살펴보았다. 박근혜 비판자들과 진보 진영은 이에 동의하지 않을지도 모른다. 진보는 보수가 박근혜에 열광하는 이유에 대해 동의하지 못할 것이고, 박근혜가 리더로서 자격이 있다고 생각하지도 않을 것이다. 박근혜가 여전히 권위주의적 리더십을 보유하고 있으며, 박근혜가 내세우는 국민 행복이 진정성이 없는 것이라고 생각할지도 모른다.

그렇다면 진보는 박근혜를 물리칠 능력이 있는가? 박근혜에게 지지층을 빼앗기지 않을 능력이 있는가? 진보는 박근혜를 넘어설 수 있는가? 더 나아가, 진보는 보수의 가치와 상징을 넘어설 수 있는가?

박근혜와 보수는 힘이 세다

2012년 총선과 대선을 앞두고, 진보 진영은 현직 대통령 이명박과 집권 여당 새누리당을 비판하는 방식으로 국민의 지지를 얻고자 했다. 다음 정권을 대비하는 정치인들이 임기 말에 처해 있는 정부를 비판하며 먹고사는 건 정치의 생리다. 정치인은 권력을 잡기 위해 국민들에게 "내가 잘할게요"라고 말해야 하는데, 누구보다 더 잘할 것인지 비교 대상이 필요하기 때문이다. 이때 국민의 뇌리에 가장 강하게 박혀 있는 현재의 정권이 가장 손쉬운 비교 대상이 된다.

진보 진영의 복지와 경제민주화를 흡수하다

반 MB(반이명박) 반 새누리당 세력은 이명박과는 다른 정책 방향과 국가 모델을 제시하며 이명박과 차별점을 강조했다. 반 MB-반 새누리당을 내세우는 야권은 하나로 연합하여 2012년 총선과 대선에서 승리를 거둬야 한다고 주장했고, 이 야권을 하나로 뭉치게 할 이상이 바로 '복지국가'다. 복지국가의 이상은 이명박과 새누리당이 주장하는 신자유주의의 이상과는 매우 다르다. 신자유주의는 삶의 책임을 개인에게 떠넘기고, 사회 전반을 시장 원리에 의해 운영해야 효율성이 높아진다고 주장하는 반면, 복지국가 주창자들은 개인의 삶 가운데 많은 부분을 당연히 국가가 돌보고 책임져야 한다고 생각한다.

야권이 내세우는 또 하나의 대안은 '경제민주화'이다. 야권은 김대중-노무현 정부도 해결하지 못한 양극화를 해결하기 위해 경제민주화를 제시한다. 이명박과 새누리당은 재벌에 대한 감세와 규제 철폐 등으로 사회 양극화를 더욱 심화시켰다. 야권은 재벌 개혁 등을 통해 경제민주화를 이루고, 이명박의 시대와는 다른 시대를 만들어나가겠다고 주장한다.

하지만 야권과 진보 진영의 진짜 적은 이명박이 아니다. 이명박만 욕한다고 야권이 권력을 잡을 수는 없다. 박근혜라는 거물이 버티고 있기 때문이다. 이명박에게 불만을 품고 있는 보수층은 박근혜를 지지한다. 2007년에 이명박을 찍었다가 반 이명박 세력으로 돌아선 중도층도 박근혜를 비토하지는 않는다. 박근혜가 이명박과의 차별점을 보여주고, 중도층을 흡수할 정책 대안을 제시할 수도 있다. 이상이 복지국가소사이어티 대표는 박근혜의 중도 전략에 대해 다음과 같이 말했다. "한국 사회에서 가진 자들이 한나라당의 지지 기반이다. 이념적으로 보수 성향이고, 소득의 높고 낮음에 상관없이 시장주의자들이다. 박근혜 전 대표가 표를 확장하려면 이들과는 다른 계층, 서민·중산층의 표를 가져와야 한다. 즉 이념적으로 중도 진보 성향의 표를 잠식해 들어가야 하는 것이다. 박근혜 전 대표가 이런 점을 염두에 두고 내세운 게 복지 전략이다. 그러나 이게 바로 박 전 대표의 아킬레스건이 될 수 있다. 박 전 대표는 복지 전략으로 서민·중산층의 눈길을 끌 수 있을 것이다."[1]

그래서인지 야권은 이명박과 박근혜를 세트로 묶어서 비판한다. '이명박근혜'라고 말이다. 박근혜는 새누리당의 핵심 인사이고, 이명박과 새누리당 정권의 '실패'에 대한 책임이 있다는 것이다. 민주통합당 정성호 대변인은 "박 의원은 이명박 새누리당 정권을 지금 정부라며 무관한 남의 일처럼 말하는데 박 의원은 국정 실패와 민생파탄의 책임 있는 집권 여당의 대선 후보"라며 "착각하지 말라"고 말했다.[2] 통합진보당 강병기 비상대책위원장은 논평을 통해 "박근혜 후보는 그가 제시한 3대 핵심과제인 '경제민주화 실현' '일자리 창출', 그리고 '복지의 확대'에 역행하는 정책을 추진했던 이명박 정부 하에서 '침묵의 조력자'였다"며 "옷을 바꿔 입었다고 해서, 가면을 바꿔 썼다고 해서 사람이 달라지는 것은 결코 아니다"라고 말했다.[3]

박근혜는 이명박과 거리두기를 하며 자신의 지지층을 확보했다. 이명박 정부가 민간인을 불법 사찰했다는 사실이 알려지자, 박근혜는 "나도 사찰당했다"고 대응했다. 비상대책위원장이 되어 당명도 새누리당으로 바꾸고, 개혁적인 모습을 보여주었다. 이명박 정부의 측근 및 친인척 비리를 강하게 비판하기도 했다. 보수층과 박근혜 지지

1   강양구, 〈2012년 제18대 대한민국 대통령은 '박근혜'!?〉, 《프레시안》, 2011.1.13.
2   이주연, 〈박근혜의 출마 선언 '네 가지' 없어〉, 《오마이뉴스》, 2012.7.10.
3   이주연, 〈박근혜의 출마 선언 '네 가지' 없어〉, 《오마이뉴스》, 2012.7.10.

자들은 세종시 등의 사례를 들며 이명박 정부와 박근혜의 차별점을 강조했다.

야권과 진보 진영이 당혹스러운 이유는 박근혜가 진보 진영과 야권의 의제인 '복지'와 '경제민주화'를 수용했기 때문이다. 박근혜는 아버지의 꿈이 복지국가라며 자신이 복지국가를 건설하겠다고 밝혔다. 재벌에 대한 엄격한 법 집행, 출자총액제한제 부활 등 야권이 내걸었던 의제들을 대부분 흡수하며 경제민주화를 이루겠다고 밝혔다. "공정하고 투명한 시장경제 질서를 확립해 경제민주화를 실현하는 일은 시대적 과제입니다."[4] 그러자 야권과 진보 진영은 박근혜와의 차별점을 드러내고자 했다. 박근혜의 출자총액제한제는 신규 출자만 제한하지만, 민주통합당의 출자총액제한제는 신규 출자는 물론 기존의 출자까지도 제한한다는 식으로 말이다. 그러나 일반 국민 입장에서는 이런 세세한 차이가 눈에 잘 들어오지 않는다.

야권은 박근혜에게 복지에 대한 재원 마련 대책이 없고, 야권에게는 증세를 비롯한 재원 마련 대책이 있다고 주장했다. 문재인 민주통합당 대선 후보는 "박근혜 후보와 새누리당의 복지 정책은 재원 마련 대책이 부족하다며 박근혜의 복지가 '가짜'"라고 주장했다.[5] 그러자 박근혜는 필요하면 증세도 하고, 불필요한 예산을 줄여서 충당하겠다고 밝혔다. 야권은 박근혜의 복지는 국가가 저소득층 일부에

---

4 2012년 7월 10일 대선출마선언문.
5 김성휘, 〈문재인 "증세, 국민과 논의… 박근혜 복지는 가짜"〉, 《머니투데이》, 2012.8.1.

게 시혜적으로 베푸는 선별적 복지이며, 야권의 복지는 시민권의 일부로 복지를 확대시키는 보편적 복지라고 주장했다. 그러자 박근혜는 선별이냐 보편이냐를 가리지 않고 필요에 따라 유연성 있게 채택하는 방안이 좋다고 밝혔다. 그녀는 "선별적 복지냐, 보편적 복지냐 논쟁이 많은데 저는 이분법의 문제가 아니라 상황에 따라 둘이 함께 가야 하는 것이다"라고 말하고 있다.[6]

정책적으로 차별점이 보이지 않을 때 정치인들이 흔히 써먹는 수법이 '진정성' 공방이다. 진짜 그 정책을 수행할 의지가 있느냐는 것이다. 야권은 박근혜의 '진정성'을 공격했다.

줄푸세에서 경제민주화로… 진정성은?

야권이 박근혜의 복지와 경제민주화에 진정성이 없다고 주장하는 가장 큰 이유는 2007년 박근혜의 공약 때문이다. 박근혜가 2007년 한나라당 대선 후보로 나섰을 때 그녀는 이명박과 별로 다를 게 없는 경제 공약 '줄푸세'를 제시했다. 2007년 대선출마선언문에서 박근혜는 다음과 같이 말했다. "나라의 근본부터 바로세우겠다, 자유민주주의와 시장경제를 철석같은 신념으로 지켜내고 법 앞에 평등한 사회를 만들겠다. (…) 작은 정부, 큰 시장의 철학으로 경제를 살리겠

---

6 최용민, 〈민주당, 박근혜 복지 공청회 시기와 진정성 의문 제기〉, 《아시아투데이》, 2010.12.21.

박근혜의 경제민주화

2012년 9월 14일 《아시아경제》 보도에 의하면 '박근혜표 경제민주화'의 밑그림이 어느 정도 완성되었다고 한다. 박근혜 측 핵심 관계자는 "김종인 국민행복추진위원장과 당내 경제통인 강석훈·안종범 의원 등의 총괄 하에 로드맵이 정리가 되고 있다"고 밝혔다. 이들과 박 후보가 그간 강조해온 사안 등을 종합하면 앞으로 나올 경제민주화 구상은 크게 재벌의 경제력 남용 방지, 중소기업 보호, 경제적 약자 보호 등 세 가지 틀에서 짜일 전망이다.[7]

재벌 경제력 남용 방지	중소기업 보호	경제적 약자 보호
경제사범 처벌 강화	중소기업 적합업종 확대	집단소송제 도입
일감 몰아주기 규제 강화	불공정 하도급 근절	청년실업 대책 마련
공정거래법 위반 처벌 강화	징벌적 손해배상제 도입	비정규직 차별 시정
리니언시 혜택 제한	사인 행위금지청구권 도입	공공부문의 정규직화

재벌 경제력 남용 방지는 박근혜식 재벌 개혁이다. 박근혜의 재벌 개혁은 재벌의 지배구조나 소유구조 개선이 아니라 권한 남용 방지, 엄격한 법 집행에 초점이 맞춰져 있다. 중소기업 대책의 경우 역시 중소기업이 대기업에게 부당한 대

---

7   김효진, 〈박근혜표 경제민주화 곧 완성… '역사관 국면' 타개할까?〉, 《아시아경제》, 2012.9.14.

우를 받지 못하게 법집행과 처벌을 엄격히 하고, 중소기업이 부당한 대우에 대한 배상을 쉽게 받을 수 있도록 하는 방향에 초점이 맞춰져 있다. 경제적 약자 보호의 경우 경제적 약자들이 집단소송을 할 수 있게 하고, 일자리를 늘리며 비정규직의 차별을 시정하는 대안을 제시했다.

다. 세금과 정부는 줄이고, 규제는 풀고 법질서와 사회제도를 바로세워서 일자리를 만들고 경제를 확실히 살려놓겠다."[8]

'줄푸세'란 "세금은 줄이고 규제를 풀고 법질서는 세우자"이다. 세금을 줄이고 규제를 풀어 기업들이 투자를 유도하고 이를 통해 일자리를 늘리고 경제를 성장하자는 전략이다. 법질서를 세우자는 말은 기업의 경제 활동에 '태클을 거는 노동조합', '재개발구역에서 나가지 않고 버티는 원주민들'에 국가가 강경하게 대처하겠다는 의지의 표현으로 들린다. 박근혜는 자서전과 인터뷰에서도 감세가 중요하다고 계속 주장한다. 감세를 제안했지만 노무현 정부가 이를 수용하지 않았다고 비판하기도 했다.[9] 시장의 자유! 법치주의! 시장주의를 수용한 보수주의자의 면모다. 이 줄푸세를 가장 열심히 정책에 옮긴 이가 이명박 정부이다. 부자 감세로 부자와 대기업들의 세금을 낮춰주고, 출자총액제한제 폐지 등으로 규제를 철폐하고, 용산 재개발 현장과 쌍용차 파업 현장을 공권력으로 진압하면서 법질서의 힘을 보여주었다.

박근혜 비판자들은 박근혜가 줄푸세 공약을 내세우다가 이명박 정부가 실패하자 이와는 모순되는 복지와 경제민주화를 내세운다고 비판한다. 《한겨레》는 사설을 통해 박근혜에게 성찰과 반성이 없다고 비판했다. "박 의원이 5년 전에 대표 공약으로 내건 '줄푸세'야말

---

8   이경태, 〈'2007 박근혜'-'2012 박근혜'의 차이점은 바로 이것〉, 《오마이뉴스》, 2012.7.11.

9   〈박근혜 대표의 도전과 향후 과제는?〉, 〈MBN 정운갑의 집중분석〉, 2004.8.4.

로 지난 4년여 동안 집권 여당을 지탱해온 정책 지표였다. 이런 기조에 따라 부자 감세가 도입됐고, 재벌에 대한 규제는 완화됐으며, 국민은 법과 질서의 채찍으로 엄히 다스려야 할 객체로 전락했다. 정부 못지않게 이런 정책을 앞장서 주창해온 게 바로 새누리당이었다. 박 의원이 내건 경제민주화나 복지 확대 공약에 반가움 못지않게 의아스러움을 느끼는 것도 같은 맥락에서다. 이런 정책은 '작은 정부와 큰 시장을 통한 성장'을 중시한 줄푸세 공약과는 양립되기 힘들다. 박 의원은 새로운 공약 설명도 좋지만 줄푸세 공약에 대해 뭔가 한마디라도 하고 넘어가는 게 도리가 아닌가 한다."[10] 칼럼리스트 김이택도 줄푸세를 내세우던 박근혜가 복지국가에 대해 뭘 알겠느냐고 비판했다. "불과 5년 전만 해도 '줄푸세' 공약을 외치던 박근혜가 2009년 9월 처음 들고 나온 복지국가를 얼마나 몸에 익혔을까."[11]

《오마이뉴스》 장윤선 기자도 박근혜의 줄푸세 정책에 대한 입장을 알 수 없다며 다음과 같이 비판한다. "박근혜 예비후보는 5년 전인 2007년 대선에 출마할 당시 '경제 살리기 공약'을 내놓았습니다. 핵심은 '줄푸세' 정책이었지요. 세금은 줄이고 규제는 풀고 법질서는 세우자는 게 박 예비후보의 경제 살리기 정책의 모토였습니다. 5년 전 줄푸세를 주장했던 그가 올 대선을 앞두고 경제민주화 정책을 강조합니다. 줄푸세와 경제민주화는 공존 가능한 정책담론일까요?

10 〈박근혜, 여당 후보로서의 자성과 책임 아쉽다〉, 《한겨레》, 2012.7.10.
11 김이택, 〈'힐링캠프'의 두 얼굴〉, 《한겨레》, 2012.7.26.

(…) 기자가 이렇게 판단하는 이유는 있습니다. 바로 줄푸세 정책의 결과 때문입니다. 세금은 줄이고, 규제를 푼 대가로 부자 감세가 철회됐고 재벌의 규제는 대폭 완화됐지요. 그 수준이 어느 정도인지는 우리가 동네에서 매일 목격할 수 있습니다. 재벌이 두부, 콩나물은 기본이고 빵장사에 떡볶이, 오뎅까지 팔 수 있는 세상이 됐지요. 골목상권은 무너졌고 재벌이 온 동네 상권을 점유하는 상황입니다. 영세 자영업자들은 못살겠다 아우성이지만 줄푸세 정책은 MB정권 내내 승승장구하는 중입니다. 재미있는 건 이런 사회 현상을 지켜보고 있는 박근혜 예비후보의 태도입니다. 신뢰와 원칙을 강조하는 박 예비후보는 줄푸세 정책에 대해 현재까지 아무런 언급이 없으십니다. 잘못된 정책이었다는 입장도 나오지 않고 있지요. 그러면서 동시에 경제민주화 정책을 내세웁니다. 재벌 개혁도 필요하다고 주문합니다. 통제 불능의 시장경제에 대한 규제가 필요하다고 말합니다."[12]

논객 진중권도 박근혜의 이런 태도를 문제 삼았다. 진중권은 〈TVN 백지연의 끝장토론〉 '잘 뽑아야 잘산다! 다음 대통령은?' 편에 출연해, 박근혜가 줄푸세 정책을 경제민주화와 복지로 바꾼 데에 대해 아무런 반성이나 성찰이 없다며, 유권자 입장에서 황당하다고 비판했다. 그러니 진정성이 의심받는다는 말도 덧붙였다.

한국에서 복지국가 담론을 주도하는 단체 중 한 곳인 '역동적 복지국가를 위한 시민정치포럼'도 박근혜의 줄푸세 공약을 비판했다.

---

12 장윤선, 〈'줄푸세' 외치다 '경제민주화'로… 박근혜의 진심은?〉, 《오마이뉴스》, 2012.7.9.

"박근혜 의원이 '복지국가'를 내세우는 것은 환영할 만한 일이다. 하지만 우리는 박근혜식 복지를 신뢰할 수 없다. (…) 우선 일관성이 없다. 박근혜 의원은 한나라당 대통령 후보로 나섰던 지난 2007년, 이른바 '줄푸세' 공약을 내세운 바 있다. (…) 이러한 줄푸세 기본 노선은 복지국가의 모습과는 명백하게 모순된다. 어떻게 세금을 줄이고 규제를 없애면서 동시에 복지국가를 하겠다는 것인가? 현실의 복지국가는 이와는 정반대이다. 국민의 조세부담률은 높고 규제도 어느 정도 많을 수밖에 없다. 기본적으로 국민이 국가에 더 많이 내고, 국가로부터 더 많이 받아가는 사회가 복지국가인 것이다. 이를 모를 리 없는 박근혜 의원이 자신의 과거 정치노선에 대한 반성도 없이, 갑자기 얼굴을 바꿔서 복지를 외치는 것은 일관성을 상실한 것이다. 박근혜 의원이 '한국형 복지국가'를 논하려면 먼저 과거 '줄푸세' 공약에 대한 해명과 반성이 필요하다."[13]

박근혜의 정적들도 박근혜의 줄푸세 공약을 거론하며 "진정성이 없다"고 비판했다. 민주통합당 정성호 대변인은 박근혜의 출마선언문에 대해 "'줄푸세 타고 747'의 줄푸세는 어디로 갔는지 확인 좀 부탁드린다"고 말했다.[14] 민주통합당 정세균 의원도 "박 전 위원장은 줄푸세에 머물러 있으면서 복지재원을 어떻게 마련할 것인지, 앞뒤가 맞지가 않다"고 지적했다. "새누리당이 진정성을 가지고 경제민주화

---

13 〈신뢰할 수 없는 박근혜의 '한국형 복지국가'〉, 역동적 복지국가를 위한 시민정치포럼.
14 이주연, 〈박근혜의 출마 선언 '네 가지' 없어〉, 《오마이뉴스》, 2012.7.10

를 차용했다면 다행이지만 내용을 들여다보면 문패만 같다. 국민들은 기대를 가지고 있을 텐데 저들의 진정성은 무엇인지 불안하다. (…) 이는 정치적인 지적이 아니다. 진정으로 경제민주화와 복지를 자신들의 정책으로 추진하고 싶다면 실질적인 대안을 가지라. (…) 박 전 위원장이 말뿐만이 아니라 진정으로 경제민주화와 복지를 추구해달라고 요구하고 싶다. (…) 그런데도 박 전 위원장은 아무런 언급이 없다. 국민을 속이는 행동을 하지 말고 경제민주화와 복지국가로 가자."[15]

심상정 무소속 의원도 〈시사채널b〉와의 인터뷰에서 박근혜식 복지를 비판했다. "박근혜 대표의 복지가 진정성을 가지려면 3가지가 전제되어야 된다고 봐요. 하나는 그동안에 그 박근혜 대표를 포함한 한나라당은 성장 제일주의를 추진해왔고 지난번 대선에서 '줄푸세'라고 해서 사실 반 복지공약을 냈던 적이 있거든요. 이 점에 대한 성찰이 있어야 합니다. 두 번째는 한나라당 정부에 의해서 일방적 특혜로 성장한 재벌과 부유층들에게 사회적 책임을 다하라는 요구를 발언할 수 있어야 합니다. 세 번째는 무엇보다도 중요한데 복지는 예산이고 예산은 국회에서 다루기 때문에, 어떻게 반 복지정당인 한나라당을 가지고 복지를 하겠다는 것인지 한나라당의 혁신 방안에 대해서 제시가 돼야 되죠. 지난번에 복지 말씀을 하셨는데 이런 중요한 얘기는 전혀 하시지 않았기 때문에 이런 거에 관해서 좀 신뢰할 만

---

15 이희정, 〈정세균 "박근혜, 보편적 증세 or 부자 증세 입장 밝혀야"〉, 《조세일보》, 2012.8.22.

한 대안이 제출되기를 기대합니다."[16]

부자와 중간층, 두 마리 토끼 잡을 수 있을까?

박근혜는 줄푸세와 복지국가가 공존할 수 없다는 비판에 대해 뭐라고 대답했을까? 박근혜의 말은 한마디로 '모순되지 않는다'이다. 박근혜는 〈손석희의 시선집중〉에서 이렇게 말했다.

"손석희: 예, 알겠습니다. 한 가지만 관련해서 질문을 더 드리겠습니다. 2007년 대선공약이었던 줄푸세, 세금은 줄이고 규제 풀고 법질서를 세운다, 이것이 줄푸세였습니다. 이것하고 경제민주화하고 어떻게 같이 가느냐, 그러니까 앞뒤가 안 맞는다, 모순이다, 이런 비판도 나왔습니다.

박근혜: 지금 저의 그 경제 정책과 그 줄푸세, 그때 경제 정책과는, 정책 철학과는 저는 맥을 같이하고 있다고 생각합니다. 그러니까 '줄'이 의미하는 이 감세는 세율을 낮추자는 거였는데 이제 현 정부 들어와서 중산층, 또 저소득층을 대상으로 해서 이미 상당 부분 실현이 됐고요. '푸세'는 이제 규제는 풀고 법질서는 세우자는 건데 이건 지금도 유효하다고 봅니다. 그러니까 불필요한 규제를 완화함으로써 경제가 활성화돼서 나라 곳간을 더 채우게 되면 우리가 뭐 복지라든가 이런 데도 더 쓸 수가

---

16 〈이명박 정부를 살아가는 정치인 심상정의 소회〉, http://minsim.or.kr/xe/simtoday/6206.

있고 또 법질서를 세우는 건 공정한 시장경제를 지향하는 것이기 때문에 경제민주화의 기본이 된다고 봅니다. 그런데 지금 국가는 많이 발전했다고 하는데 국민생활은 별로 나아지지 않았고 특히 서민이나 중산층, 중소기업은 더 어렵거든요. 그래서 그동안 경제 성장에도 불구하고 이 성장의 온기가 국민한테 골고루 퍼져나가지 못했기 때문에 이렇지 않느냐, 이런 그런 생각에서 이런 간극을 해소하는 방법 중 하나로 경제민주화를 추진하고 있는 거구요.

손석희: 그러면 줄푸세의 어떤 대상이 바뀐 겁니까? 그러니까 2007년에 줄푸세를 주장하실 당시에 '줄'은 주로 법인세 인하라든가 꼭 대기업만 혜택을 받는 것은 아니지만 주로 그쪽에 혜택이 가는 것이 초점이 맞춰졌었다, '푸'는 기업의 의욕을 북돋고 기업의 자율을 최대한 확대하자, 이건 서울파이낸셜포럼 특강에서 하신 말씀으로 알고 있는데요. 그래서 규제완화에 강조점이 찍혔었고 무엇보다도 '세' 같은 경우에는 2007년에 말씀하시길 법 위에 떼법이 존재해서 폭력을 쓰고 우기면 안 된다, 그래서 예를 들면 파업이라든가 노조 활동을 겨냥했다고 분석이 됐는데 지금 하신 말씀의 내용을 보면 줄푸세의 대상이 바뀐 것으로 얘기가 나와서요.

박근혜: 그렇지 않고요. 우리가 법을 얘기할 때 법은 여기만 적용되고 그런 건 아니잖아요. 그래서 지금 이제 더 강조되는 것은 경제민주화도 사실은 투명하고 공정한 이런 시장을 만들자는 거니까 다 해당이 되는 거죠. 그게 기본이 되는 거죠. 규제도 이게 필요 없는 규제, 이게 필요하다 하는 규제는 오히려 해야 됩니다. 그러나 불필요한 규제 때문에 경제활성화에 투자에 방해가 된다, 그러면 풀어야 된다, 그런 생각이고요. 또 법

인세 같은 건 사실은 그 투자를 그건 투자에 굉장히 직접적인 관계가 있는 것이기 때문에 그것이 무슨 어떤 특정 계층을 위해서 하고 그러는 게 아니고 오히려 이 감세는 중산층하고 저소득층을 대상으로 해서 이번 정부에서도 상당히 실현이 됐거든요. 그래서 어쨌든 다시 한 번 제가 말씀 드리면 이 경제민주화는 공정하고 투명한 그런 환경 속에서 소상공인, 중소기업, 대기업, 소비자 할 것 없이 모든 경제 주체들이 조화롭게 함께 발전할 수 있도록 하자는 것, 그거라고 말씀드릴 수 있겠습니다.

손석희: 그러면 한 가지만 관련 질문인데요. (…) 재정수입이 줄어들 수 있다는 얘긴데 내세우시는 복지 문제는 어떻게 하실 생각이십니까?

박근혜: 그 복지 부분에 대해선 이제 저는 그 우리 복지 수준과 또 국민들이 이제 부담하는 조세부담 이것이 이제 간극이 있기 때문에 좀 대타협이 필요하다, 이런 얘기를 한 적이 있습니다. 그런데 그렇다고 해서 이것이 증세를 의미하는 건 아니거든요. 이제 이 간극이 차이가 메워지지 않으면 합의가 없으면 갈등이 계속될 수밖에 없기 때문에 이 부분에 대해서 이제 국민들께 소상하게 알리고 국민들이 스스로 선택하실 수 있도록 하겠다라는 얘긴데 그건 사실은 제가 항상 재원을 마련하는 데 6:4 원칙을 말하고 있습니다. 그러니까 6이라는 것은 씀씀이에서 그 정도 줄여야 되고 4라는 것은 이제 어떤 비과세 감면이라든가 이런 부분을 조정하고 지하경제 이런 걸 투명화하고 이런 것 해서 재원을 더 마련하고……"[17]

17 〈대선 주자 인터뷰-새누리당 박근혜 대선 후보〉, 〈손석희의 시선집중〉, 2012.9.10.

박근혜가 복지국가와 경제민주화에 대해 진정성이 없다는 근거 중 하나는 박근혜가 이처럼 모순되고 상반되는 여러 가지 것들이 서로 공존할 수 있다고 말하기 때문이다. 줄푸세와 복지국가가 같이 갈 수 있다는 주장도 그 중 하나이다.

박근혜는 당내에서 경제민주화를 둘러싸고 논쟁이 일었을 때 그 누구의 편도 들지 않았다. 이한구 원내대표는 복지가 포퓰리즘이라고 비판했다. "정치판에서는 정체불명의 경제민주화니, 포퓰리즘 경쟁하느라 정신이 없어 기업들의 의욕이 떨어지고, 국민이 불안해한다." 남경필 의원과 김종인 등은 이에 대해 다음과 같이 문제제기를 했다. "대선 후보가 대통령 출마 선언 때, 후보수락 연설 때 한 이야기를, 같은 당 원내대표가 정체불명이라는 단어까지 쓴 건 상식 이하다. (…) 정서적으로 문제가 있는 사람인 것 같고, 태어나서 그런 정치인은 처음 본다. 대꾸할 가치가 없다."[18]

이런 당내 분란에 대해 박근혜는 "저는 두 분과 얘기를 다 나눠봤기 때문에 저는 뭐 그분의 생각을 잘 안다고 생각을 합니다. 그런데 본질적으로 다르지 않거든요"라고 말했다. 아니, 복지와 경제민주화에 반대하는 사람과 찬성하는 사람이 본질적으로 다르지 않다니 이게 무슨 소리인가? 심지어 김종인마저도 "그 사람(이한구)이 기본적으로 경제민주화가 정체불명인 것처럼 얘기하는데 (그런) 사람하고 내가 생각하는 것하고 같다고 얘기할 수가 없다. 박근혜 후보는 당내

---

18 조혜정, 〈'경제민주화' 이견에 '침묵'… 박근혜 의지 있나?〉, 《한겨레》, 2012.9.5.

화합 등등 이런 차원을 생각했기 때문에 일단 그런 식으로 발언하지 않았나 생각한다"[19]라고 말했다.

박근혜의 우군인 《조선일보》마저 박근혜의 이런 태도를 다음과 같이 비판했다. "박 후보는 '두 분이 근본적으로 추구하는 것은 같다고 생각한다'고 무마에 나섰으나 국민 눈엔 그렇게 보이지 않는다. 박 후보는 재계의 불만을 일리 있다고 보는 전통 지지층도 놓치지 않으면서 재벌 중심의 체제에 변화가 있길 바라는 중간층까지 양손으로 붙잡으려는 것으로 보인다. 그게 박 후보 나름의 득표 전략인지는 모르겠지만 정직한 자세는 아니다. 박 후보는 김·이 두 사람 생각 중 어느 쪽이 자기의 진심인지를 국민 앞에 분명히 가려줘야 한다."[20]

진정성 논란에 대해 박근혜와 박근혜의 측근들은 '준비된 복지'라며 맞받아친다. 총선과 대선을 겨냥해 입장을 180도 철회한 것이 아니라는 것이다. 새누리당 비대위원을 지낸 이준석은 〈TVN 백지연의 끝장토론〉 '잘 뽑아야 잘산다! 다음 대통령은?' 편에 출연해 박근혜가 사회보장기본법 개정안, 생애주기별 맞춤형 복지 등을 오랫동안 준비해왔다고 주장했다. 이준석의 말대로, 박근혜가 복지에 관심을 둔 것은 총선, 대선 직전이 아니다. 박근혜는 2008년 18대 국회 첫 상임위원회로 보건복지가족위원회를 택했다. 박근혜는 미니홈피에 올린 '나의 책임'이라는 글에서 보건복지위를 선택한 이유를 다

19　정상근, 〈김종인 "내가 이한구와 같을 수 있나" 발끈〉, 《미디어오늘》, 2012.9.12.
20　〈'景氣 흐름' 무시한 경제민주화 논쟁 공허하다〉, 《조선일보》, 2012.9.6.

음과 같이 밝혔다. "내가 보건복지가족위원회를 선택한 이유는 가장 중요한 우리의 기초적인 삶에 대한 문제를 찾고 싶기 때문이다. (…) 보건복지가족위원회는 먹거리와 연금, 육아, 건강과 의료 등 우리가 실생활에서 피부로 접하는 문제들을 다루는 곳이고 매번 이와 관련해서 많은 문제들이 발생하는 곳이다. (…) 이런 문제들이야말로 사람이 태어나서 죽을 때까지 꼭 겪는 삶의 중요한 문제라고 생각한다."[21]

박근혜가 복지국가에 대한 입장을 최초로 드러낸 것은 2009년이다. 《한겨레》는 사설을 통해 2009년에서야 복지에 관심을 쏟은 박근혜가 복지국가에 대해 뭘 알겠느냐고 비판했지만, 사실 민주통합당도 이는 마찬가지다. 원래 복지국가 담론은 민주노동당이나 진보신당 같은 진보정당에서 처음 언급했다. 민주통합당이 복지에 대해 고민하고, 정책에 반영하기 시작한 것은 2010년 지방선거에서 무상급식이 이슈가 되었을 때였다. 복지가 사회의 핵심 의제로 떠오른 것도 무상급식 논쟁 이후였다. 박근혜는 2009년 5월 미국 스탠퍼드 대학교 연설에서 복지국가를 떠올리게 하는 말을 했다. "경제 발전의 최종 목표는 소외계층을 포함한 모든 국민이 참여하는 공동체의 행복 공유다." 박근혜는 대선출마선언 직후에 가진 YTN과의 인터뷰에서도 이 스탠퍼드 연설에 대해 언급했다. 박근혜는 "2009년 미국 스탠퍼드 대학 강연에서 '원칙이 바로 선 자본주의'를 이야기했는데, 경

---

21 김지민. 〈박근혜 "내가 보건복지위를 선택한 이유…"〉, 《머니투데이》, 2008.9.16.

제 주체들 간의 조화로운 발전과 균형을 뜻하는 '원칙이 바로 선 자본주의'가 경제민주화와 뜻을 같이한다"고 설명했다.[22]

2009년 10월 26일 박정희의 30주기 추도식에서는 박정희가 복지국가를 꿈꾸었다는 말도 했다. "아버지가 경제 성장을 이룩하셨지만 경제 성장 자체가 목적이 아니었다. 아버지의 꿈은 최종적으로 복지국가였다. 여전히 이루지 못한 우리의 궁극적 꿈은 복지국가 건설이다."

박근혜는 2010년부터 이명박의 줄푸세 정책과 거리를 두는 발언들을 쏟아내기 시작했다. 박근혜의 측근들은 이명박 정부의 실패와 글로벌 금융위기를 보며 박근혜가 입장을 바꾸었다고 말한다. 한 친박계 인사는 "MB정부의 콘셉트로는 안 된다고 판단한 것으로 안다"고 말했다.[23] 복지 전문가들을 불러 공부를 열심히 했다는 말도 있다. 성균관대 안종범 교수는 박근혜가 감세 문제에 대한 의견을 바꾸는 데 기여했으며, 박근혜의 주최로 열린 '사회보장기본법 전부 개정을 위한 공청회'에 발제자로도 참여했다. 사회보장기본법 입법 과정에는 1990년 보건사회부 장관을 지냈던 김종인도 참여했다. 박근혜는 이후 비상대책위원회와 선거캠프에 김종인을 핵심 인사로 임명했다. 안종범과 함께 공청회 발제를 맡았던 서울대 최성재, 안상훈 교수도 복지 부문에서 박근혜를 돕는 가정교사라고 한다.[24] 독일식 사회안전

22 조혜정, 〈박 "경제민주화 실현 위해 공정경쟁 강화"〉, 《한겨레》, 2012.7.10.
23 박혜림, 〈그녀가 찍은 어젠다 '선택적 복지'〉, 《주간동아》 766호.
24 〈조금씩 드러나는 '박근혜 정책브레인'〉, 《연합뉴스》, 2010.12.21.

박근혜의 복지 정책에 관한 발언

"경제 정책 운용에서 국민 화합에 대한 배려가 부족하다. 경제 정책 운용의 주 안점을 성장뿐 아니라 서민과 젊은 층에 도움을 주는 데 둬야 한다. 소득 분배 구조가 악화되고 중산층이 위축되고 있는데, 이런 추세라면 사회 통합도 악화된 다. 경제 위기 극복에 치중하면서 좀 더 근본적인 문제 해결엔 소홀한 것 아닌 가 싶다."

2010년 6월 21일 국회 기획재정위원회 전체회의 중

"재정 건전화를 위해서 세수 기반을 확충하고 정부 지출을 아껴야 하며 재정 정 보를 투명하게 공개하고 암묵적인 국가 채무에 대한 관리까지 포함하는 종합적 인 대책이 필요하다. 공기업의 재무건전성을 개선하기 위해 경영평가 제도를 개 선하는 게 필요하다."

2010년 10월 4일 기획재정위 국정감사 중

"비과세 감면을 축소해서 세원을 넓히겠다는 기본 방향은 오래전부터 설정돼 추진돼왔다. 하지만 최근 5년간 비과세 감면 제도가 계속 늘었고 작년에만 25 개가 새로 생겼다."

2010년 10월 5일 기획재정위원회 국정감사 중

"지금까지 시도됐던 모든 서민 정책과 취약계층 대책에 대해 실효성을 점검해야 한다. 정책 목표와 정책 대상을 명확히 설정해서 맞춤형 정책을 해야 한다. 가장 도움을 필요로 하는 계층에 우선적인 지원이 있어야 한다."

2010년 10월 19일 기획재정위원회 국정감사 중

"글로벌 금융위기를 거치며 그동안 재정건전성이 급격히 악화됐고 소득 불균형이 심화됐다. 과표 8,800만 원 초과 소득세 최고세율은 현행 세율(35%)을 유지하는 것이 악화된 재정건전성과 계층 간 격차 확대를 막는 데 도움이 된다."

2010년 11월 15일 국회 기획재정위원회 전체회의 중

망과 복지 정책에 관해 공부했다는 소문도 있다.[25]

가난한 사람들은 왜 보수를 지지할까?'

박근혜가 복지와 경제민주화를 자신의 아젠다로 끌어올 수 있는 이유는 박근혜가 박근혜이기 때문이다. 박근혜가 야권이 제기한 복지와 경제민주화라는 이슈를 자신에게로 끌어올 수 있는 원동력은 무엇일까?

흔히 진보 진영을 지지하는 사람들은 빈곤층이 왜 보수 정당을 지지하는지 이해할 수 없다고 말한다. 가난하고 힘없는 사람들이 사회·정치 개혁과 분배를 주장하는 진보 진영을 지지하는 것이 마땅한데, 한국에서는 그 법칙이 통하지 않는다고 말한다. 진보 진영의 든든한 지원군은 오히려 고학력 중산층들이다. 독립영화 〈그 자식이 대통령이 되던 날〉은 이러한 현실을 잘 보여주는 영화다. 영화의 감독은 진보정당의 활동가이고, 감독의 아버지와 어머니는 열렬한 한나라당 지지자이다. 그들의 부모는 김대중에 대해 어떻게 생각하느냐는 질문에 "빨갱이"라고 대답할 정도로 골수 보수파다. 하루 벌어 하루를 먹고사는 넉넉지 않은 삶을 살고 있지만, 보수정당을 지지한다. 감독이 영화 후반부에 아버지에게 왜 한나라당을 지지하느냐고

---

25 박혜림, 〈그녀가 찍은 어젠다 '선택적 복지'〉, 《주간동아》 766호.

묻자 감독의 아버지는 그들이 힘이 있기 때문이라고 대답한다.

보수 정치인들은 이 땅의 '지배자'들이다. 권력의 핵심이다. 그들에게는 힘이 있다. 먹고살기 힘든 서민들이 대출 좀 쉽게 해달라고 사정하면 그 사정을 들어줄 힘이 있다. 갈 곳 없는 노인들이 양로원에 정수기 하나 놓아달라고 하면 정수기를 놓아줄 힘이 있다. 보수 정치인들은 서민들 입장에서 훌륭한 민원 창구가 될 수 있다. 선거철에 서민들 손을 잡아주면서 이것저것 해드리겠습니다라고 약속하고, 실제로 해줄 수 있는 힘이 있다. 의지만 있다면 서민들과의 약속을 지켜줄 힘이 있는 것이다. 한국의 보수 세력은 이런 권력과 힘을 동경한다. 한국의 보수 세력은 안정과 생존을 위해 보수를 택하는 '생계형' 보수다.

보수 정치인의 '힘'을 상징하는 인물이 박정희이자, 육영수이며, 박근혜다. 서민들은 박근혜에게서 깡촌에 전기를 넣어준, 굶주리지 않고 먹고살게 해준 박정희를 떠올리며, 시시 때때로 자신들을 찾아와 민원을 해결해준 육영수를 떠올린다. 박근혜는 복지와 경제민주화를 이런 '민원처리'의 일환으로 흡수해버린다. '보편적 복지'라는 개념의 등장으로 복지가 시민권의 일종이라는 생각이 싹트긴 했지만, 한국에서 복지는 아직 국가가 국민에게 베푸는 시혜이자 보살핌이다. 아픈 국민을 치료해주고, 배고픈 국민에게 밥을 먹여주는 것이 복지다. 경제민주화도 마찬가지다. 박근혜는 경제민주화에 대해 이야기할 때 재벌 개혁이나 출자총액제한 등에 대해서는 잘 말하지 않는다. 박근혜는 재래시장 상인도 먹고살 수 있게 해주겠다고, 중소기업도 잘살

게 해주겠다고 말한다. 박근혜 앞에 서면 경제민주화는 어려운 처지에 있는 사람들의 탄원을 들어주는 것 정도로 바뀌어버린다.

민원을 가장 쉽게 처리할 수 있는 방법이 무엇인가? 힘, 권력이다. 구청이나 동사무소의 민원 처리과정을 생각해보자. 어려운 처지에 있는 사람들은 굉장히 복잡한 행정 절차를 거쳐 문제를 해결해야 한다. 그러나 문제가 너무 다급해서 이런 절차를 거치기 힘들 때 사람들이 흔히 쓰는 방법이 구청장 사무실이나 국장 사무실, 동장 사무실에 갑자기 들이닥치는 것이다. 이런 풍경은 가게에서도 쉽게 찾아볼 수 있다. 상품을 구입했는데 상품이 불량이라 환불을 요구하는 상황을 상상해보자. 여러 가지 복잡한 절차를 거쳐야 하거나, 점원과 실랑이를 하기 일쑤다. 그럴 때 우리는 "사장 나오라고 해"를 외친다. 문제가 잘 해결되지 않을 때 가장 좋은 방법은 권력자를 찾는 것이다. 권력자가 불만을 가진 사람의 말을 듣고 문제 해결을 지시하면, 일이 일사천리로 진행되고 문제가 해결된다. 몇 달이 걸리던 일이 며칠 만에 처리된다. 박근혜와 새누리당 지지자들은 박근혜와 새누리당에게는 이런 '힘'이 있다고 생각하는 것이 아닐까? 복지와 경제민주화는 하고 싶다고 할 수 있는 것이 아니다. 기득권 세력 일부는 세금을 더 내야 하고, 재벌 및 대기업은 자신들의 자유로운 경제 활동을 방해하고 이익을 침해한다며 경제민주화에 저항할 것이다. 이들의 반발을 억누르려면 어떻게 해야 할까? 무시무시한 힘을 지녀야 한다. 사람들의 눈길은 '힘'을 가진 사람들에게로 향한다.

실제로 재벌과 대기업을 좌지우지한 절대 권력의 소유자가 한국

정치사에 있다. 바로 박정희다. 박근혜는 복지국가가 아버지의 꿈이 었다며 강력한 리더십과 복지국가를 연결시키고, 결국 그 접점에서 복지국가를 실현할 강력한 지도자 박근혜를 만들어낸다. 박근혜는 자신의 자서전에서 대한민국에서 의료보험을 최초로 만든 이가 박 정희였다고 말하며, 자신의 역할 또한 강조한다. "나는 아버지에게 '우리나라도 제대로 된 의료복지 제도가 절실히 필요합니다'라고 말 씀드렸다. 아버지는 심사숙고 끝에 의료보험 제도의 기틀을 확고히 마련한다는 결정을 내리셨다. 1976년 드디어 기존의 의료보험법을 전면 개정하고, 1977년 7월 1일을 기하여 5인 이상 사업장 근로자를 대상으로 강제 가입 성격의 의료보험 제도를 실시하였다."[26]

2012년 9월 18일 가천대에서 열린 특강에서 박근혜는 의료보험 제도를 자신의 퍼스트레이디 시절 최대의 보람으로 꼽았다. "당시 의 료보험이 없었는데 야간 무료병원(새마음 병원)을 운영하면서 아버지 도 여러 번 모시고 와서 보여드리고 식사할 때도 말을 많이 드렸다. 당시 대다수 관료들이 의료복지 제도 도입에 반대했지만 1977년 의 료보험 제도가 도입됐다, 당시를 회고할 때 가장 보람 있는 일로 이 것을 꼽는다."[27]

박근혜는 박정희의 상징을 자신의 복지 공약과 연결시키는 동시 에, 또 다른 '상징'을 영입하여 강력한 지도자와 경제민주화 공약을

---

26 박근혜, 《절망은 나를 단련시키고 희망은 나를 움직인다》, 위즈덤하우스, 2007.
27 이경태, 유성호, 〈출석카드 들고 박근혜 특강 참석한 대학생들〉, 《오마이뉴스》, 2012.9.18.

연결시켰다. 바로 김종인이다. 김종인은 앞에서 소개했듯이 경제민주화 조항이라 불리는 헌법 114조 2항을 만들고, 대기업과 재벌을 정치권력의 힘으로 통제했던 노회한 경제 관료이다. 박근혜는 민주당 국회의원까지 지냈던 김종인을 비상대책위원회 위원으로 영입했고, 선거캠프에도 영입했다. 김종인이 새누리당 내 경제민주화에 반대하는 의원들과 갈등을 겪으며 새누리당을 떠나려 할 때마다 박근혜는 직접 전화를 해서 김종인을 붙잡았다고 한다. 박근혜에게 경제민주화의 상징인 김종인이 꼭 필요하기 때문이다. 재벌 및 대기업 총수들로 구성된 이익단체 전경련이 경제민주화 움직임에 저항하며 경제민주화 조항을 폐기해야 한다고 주장하자, 김종인은 "전경련이라는 것이 쓸데없이 자꾸 이 사회의 통합을 저해하는 소리만 이어갈 것 같으면 존재할 필요가 과연 있겠느냐 생각한다"[28]고 대응했다. 전경련 해체를 말할 정도로 김종인은 대기업에게 강경하게 대응했다. 박근혜는 이런 김종인을 데리고 있으면서 경제민주화를 위한 '힘'이 자신에게 있음을 보여줄 수 있다.

원혜영 민주통합당 의원이 참여연대와 함께 여론조사기관 우리리서치에 의뢰하여 경제민주화에 대한 국민의 인식을 조사했다. 경제민주화의 필요성에 대해 국민의 70.1%가 공감했다. 응답자들은 이번 대선의 최대 쟁점으로 "재벌 대기업 체제 개혁과 경제민주화"

---

28 이지선, 〈김종인 "전경련, 쓸데없는 소리로 사회 통합 저해하면 존재할 필요 있나"〉, 《경향신문》, 2012.7.1.

(28.6%), "비정규직 대책 및 일자리 만들기"(24.6%), "투명한 정치와 정치 개혁"(21.5%), "반값등록금 등 복지국가 실현"(17.9%)을 꼽았다. 헌법에 명시돼 있는 경제민주화 조항을 삭제하자는 전경련 등의 주장에 대해서는 반대한다는 사람이 64.8%로 월등하게 높았다. '경제민주화와 재벌 개혁'의 관계를 묻는 질문에도 "둘 다 해야 한다"는 응답자가 70.0%로 압도적으로 높았다. 유통대기업 및 대형마트 일요일 의무 휴업에 대해서는 공감(74.5%)이 반대(18.6%)보다 높았고, 기업형 슈퍼마켓(SSM)의 골목상권 진출 규제 역시 공감(72.4%)하는 사람이 반대(20.75)하는 사람보다 월등하게 많았다. 대기업의 법인세를 대폭 인상해야 한다는 주장에 대해서도 82.3%가 공감의 뜻을 밝혔다. 경제민주화가 시대적 과제임을 보여주는 여론조사 결과였다. 그런데 주목할 만한 점은, 이 여론조사에서 응답자의 39%가 새누리당이 민주통합당보다 경제민주화를 잘할 것이라고 평가했다는 것이다. 민주통합당이 경제민주화를 잘할 것이라는 대답은 28.7%에 그쳤다. 통합진보당은 8.0%였다.[29] 왜 사람들은 경제민주화에 동의하면서 동시에 경제민주화를 가장 잘할 세력으로 보수정당인 새누리당을 꼽은 것일까? 국회 의석수 2위 민주통합당은 왜 2위를 하고, 의석수 3위 통합진보당은 왜 3위에 그쳤을까?

복지와 경제민주화를 이루는 데 필요한 요소가 하나 더 있다. 바로 '의지'다. 아무리 힘이 있어도 의지가 없다면 말짱 꽝이다. 그런

---

29 여정민, 〈국민 39% "경제민주화, 민주보다 새누리가 잘할 것"〉,《프레시안》, 2012.7.4.

면에서도 박근혜는 매우 유리하다. 앞에서 밝혔듯이 박근혜는 신뢰와 원칙, 진정성의 정치인이다. 약속을 어기지 않는다는 이미지가 강하다.

민주통합당은 박근혜의 복지와 경제민주화가 자신들의 것보다 못하다고 박근혜를 비판하지만, 박근혜 지지자들과 측근들이 보기에 그 부족함은 그만큼의 신중함이다. 박근혜는 복지를 말하면서도 늘 '재정건전성' 같은 문제를 함께 거론한다. 박근혜의 측근들은 그 이유가 박근혜가 그만큼 복지재원에 대해 신중하게 고민하고 있다는 의미라고 말한다. 재정건전성은 '복지 포퓰리즘'이라는 공격을 피할 수 있는 전제 장치다. 박근혜 대선캠프에서 정책 메시지를 담당하는 한 인사는 박근혜가 대선공약을 꼼꼼하고 신중하게 검토한다고 말했다. "박 대표는 진짜 꼼꼼하십니다. 저희들이 정책을 나열하면요, 쭉 보시고, 이게 정말 현실 가능성이 있느냐고 묻고 또 묻습니다. 그럼 저희들이 이건 이래서 가능하다고 말씀드려도 정말 가능한 것이냐 재차 묻습니다. 진짜 우리가 할 수 있는 것들만 내놓아라, 하셨지요."[30] 박근혜가 복지와 경제민주화에 대해 더 나아가지 않는 모습은 오히려 지킬 수 있는 것만 지키려 하는 믿음직스러운 모습으로 비칠 수 있다.

안병진 경희사이버대 교수는 박근혜를 '진정성의 정치인'이라고 명명한다. 노무현 이후 이명박의 등장으로 한국 정치에서 사라졌던

---

30 장윤선, 〈'줄푸세' 외치다 '경제민주화'로… 박근혜의 진심은?〉, 《오마이뉴스》, 2012.7.9.

진정성의 가치가 박근혜를 통해 부활했다는 것이다. 그는 박근혜가 진정성을 바탕으로 한 복지국가론을 통해 중도와 진보로까지 외연을 확장하고 있다고 말한다. "더 놀라운 것은 일부 진보 전략가들이 조심스럽게 이명박 보수 진영에 대립되는 다른 하나의 축으로, 중도로 이동하는 박 전 대표 진영과 개혁 진영의 연합까지 거론하고 있다는 사실이다. 그 배경에는 현재의 정치 지형으로는 2012년 대선에서 누구도 그를 이길 수 없다는 비관론과 차라리 보수 정치인의 집권으로 한반도 해빙이 유리해질 수도 있다는 희망적 사고가 깔려 있다. 이러한 개혁 진영 내의 소위 '박근혜 현상'은 1987년 민주화 이후 처음 있는 놀라운 것이다. 이 현상의 핵심은 유권자들이 박 전 대표를 국가와 국민에 대한 진정성을 가지고 시민들과 소통하는 탈정치적인(여의도를 벗어난) 정치가로 간주한다는 것에 있다고 본다."[31]

박근혜는 진정성을 무기로 유권자들에게 어필하고, 박근혜라면 정말 경제민주화와 복지국가를 할 수 있다는 이미지를 심어준다. 그리고 박근혜에게는 자신의 의지를 실천으로 옮길 힘도 있다. "똑같은 경제민주화를 주장해도, 민주당은 사람들한테 신뢰를 별로 못 주는 것 같아요. 재벌들이 저항하고, 보수언론이 몰아치고 하다보면 저항 좀 하다가 좌절될 것 같은데, 왠지 박근혜랑 새누리당은 본인들이 의지가 있다면 할 수 있을 것 같은 생각이 드는 거죠. 어떤 수위의 경제민주화를 할 거냐는 논외로 치더라도, 정권을 잡았을 때 흔들림 없는

---

31 안병진,《박근혜 현상》, 위즈덤하우스, 2010.

추진력은 있을 거란 거죠. 노무현 정부도 조중동이 뒤흔들고 재벌이 뒤흔드니까 개혁 시도가 와르르 무너져 내린 건데, 그런 한계를 비춰 보면 김종인 박사 말대로 박근혜는 오히려 더 잘할 것 같다는 생각 이 들어요."[32]

자애로운 부모, 따뜻한 보수로 다가서다

앞에서 우리는 박근혜가 복지와 경제민주화를 국가가 베푸는 시 혜, 서민들에 대한 국가의 민원처리 정도로 제한함으로써 복지와 경 제민주화를 자신의 아젠다로 흡수한다는 사실에 대해 살펴보았다. 이에 대해 좀 더 자세히 알아보자.

미국의 인지주의 심리학자 조지 레이코프는 미국의 정치 지형인 보수주의와 진보주의를 두 가지 '국가' 모델에 따라 분류한다. 이 국 가 모델은 가정을 비유로 만들어진 것이다. 레이코프는 보수주의자 들은 '엄격한 아버지 모델'을 따르고 있으며, 진보주의자들은 '자애 로운 부모' 모델을 따른다고 주장한다.

레이코프에 따르면 보수주의 세계관의 중심은 엄격한 아버지 모 델이다. "이 모델은 기본적으로 아버지가 가족을 부양하고 보호해야 하는 책임을 지는 한편, 아이들을 위한 엄한 규칙을 제정하고 그 규

---

32 선명수, 여정민, 〈장동건 팬 박근혜, '생각보단 좋은 사람?'〉, 《프레시안》, 2012.7.28.

칙을 강화하여 권위를 갖는 전통적인 핵가족을 가정한다. 일단 양육된 아이들은 홀로서서 후천적으로 습득한 자제력에 의지하며 살아가야 한다. 아이들의 자립심은 그들의 운명에 대한 권위를 안겨주며, 부모는 그들의 인생에 개입해서는 안 된다."[33]

반면 진보주의자들의 세계관은 매우 다른 가정생활의 이상인 인자한 부모 모델에 중심을 두고 있다. "사랑과 감정이입, 그리고 애정어린 보살핌은 기본이다. 아이들은 존중받으며 보살핌을 받고, 가정과 공동체 내에서 다른 사람들을 배려하며, 자라는 과정을 통해 책임과 자제력, 그리고 자립을 배우게 된다. 지원하고 보호하는 것은 보살핌의 한 부분이며, 그러기 위해서는 부모의 입장에서 힘과 용기가 요구된다. 아이들의 순종은 징벌에 대한 두려움 때문이 아니라 그들의 부모와 공동체에 대한 사랑과 존경으로부터 나온다. 그러므로 원활한 의사소통은 매우 중요하다."[34]

조지 레이코프는 가정을 국가에 비유한 이 새로운 구별법을 통해 가족과 국가의 권위를 중요시한 보수주의와 개인의 책임과 경쟁, 시장원리를 중요시한 신자유주의를 결합한 부시 행정부에 대해 설명한다. 부시 행정부는 국방에는 돈을 쏟아 부으면서 복지에는 돈을 쓰지 않는다. 국방은 국가의 권위와 힘을 강화해주는 요인이기 때문에 돈을 쏟아 부어도 좋지만, 개인의 책임과 자립을 방해하는 복지에 쓰

---

33 조지 레이코프, 손대오 옮김, 《도덕, 정치를 말하다》, 김영사, 2010.
34 조지 레이코프, 손대오 옮김, 《도덕, 정치를 말하다》, 김영사, 2010.

는 돈은 낭비다. 마찬가지 논리로 나라에 대한 사랑은 강조하면서 정부의 개입은 싫어한다. 반면 자애로운 부모 모델을 따르는 진보주의자들은 복지에 동의한다. 자애로운 부모는 개인의 자립과 발전을 적극 지원하기 때문이다.

그렇다면 박근혜는 엄격한 아버지일까, 자애로운 부모일까? 둘 다이다. 박근혜는 개인의 책임과 노력, 자립을 강조한다. 원칙을 세워두고 원칙에 어긋나는 짓을 하는 사람은 용서하지 않는다. 사실, 박정희야말로 엄격한 아버지의 전형이다. 박정희는 대한민국 국민에게 목표를 부여했고, 국가를 우상화했으며, 이를 통해 공통의 적이자 '악'인 북한과 싸우려고 했다.

그러나 박근혜는 자애로운 부모이기도 하다. 국민들에게 '따뜻한 온정주의 보수'로 다가서며 그들의 손을 맞잡는다. 기회의 평등을 제공하며 국민 행복을 위해, 자립을 위해 국가가 돕겠다고 한다. 이 지점에서 박근혜표 '복지'가 등장한다. 박근혜의 측근인 박효종 서울대 교수는 과거에는 보수의 패러다임이 시장, 효율성, 경쟁력 같은 것을 강조했다면 요즘에는 복지 분야로 확장되고 있다고 말했다. 현재 보수 진영에서 '따뜻한 보수'가 하나의 흐름으로 자리잡아가고 있다는 것이다.[35]

이상이 복지국가소사이어티 대표는 박근혜의 자애로운 부모 이미지에 대해 다음과 같이 말했다. "박근혜 전 대표는 국민에게 성장도

---

35 박혜림, 〈그녀가 찍은 어젠다 '선택적 복지'〉, 《주간동아》 766호

잘해줄 것 같고, 복지도 잘해줄 것 같은 그런 지도자로 자리매김했다. 박 전 대표의 보수적인 온정주의가 불안한 삶에 지친 국민들에게 '가정을 책임지는 따뜻한 가부장'으로 받아들여진 것이다. 실제로 여론조사를 해보면, 복지 정책을 제일 잘 추진할 것 같은 지도자도 박 전 대표이다."[36]

박근혜의 자애로운 부모 이미지는 육영수의 이미지가 그대로 투영된 것이다. 육영수는 박정희와는 달리 국민에게 '따뜻한 어머니' 역할을 했다. 정치평론가 고성국은 이런 이미지가 박근혜에게 유리하게 작용할 것이라고 주장했다. "육 여사가 가졌던 사회적 모성, 이런 이미지가 박 전 대표에게 많이 남아 있다. 실제로 육 여사가 퍼스트레이디로 활동할 때 진정성이 없었던 게 아니고. 그래서 아버지 어머니 세대가 육 여사를 좋게 추억하는 것이다. 이렇게 박 전 대표에게 육 여사의 이미지가 투영되면 될수록 복지국가를 둘러싼 논쟁에서 그는 유리한 고지를 점할 것이다."[37]

사람들이 박근혜의 엄격한 부모와 자애로운 부모를 갈망하는 이유는 무엇일까? 나는 앞에서 박근혜 지지의 이면에 '성군'에 대한 기대가 있다고 설명했다. 그렇다면 사람들은 왜 성군을 기대할까? 이태경 토지정의시민연대 사무처장은 반북 반공 이데올로기, 물질 만능주의, 성장제일주의, 영남패권주의에 "박정희 덕분에 이만큼 살게

---

36 강양구, 〈2012년 제18대 대한민국 대통령은 '박근혜'!?〉,《프레시안》, 2011.1.13.
37 강양구, 〈2012년 제18대 대한민국 대통령은 '박근혜'!?〉,《프레시안》, 2011.1.13.

됐다"는 일그러진 지도자 숭배와 노예근성이 어우러져 박정희 신화는 유사(類似) 신앙체계가 됐다고 말한다.[38] 이 박정희 신앙체계가 박근혜 지지의 기반이라는 것이다. 그렇다면 왜 박정희 신앙체계는 민주주의 사회인 오늘날에도 계속 유지되는 걸까?

이는 시대가 박근혜를 호명했기 때문이 아닐까? 한 시대의 유력한 대선주자는 그 시대의 시대정신과 사회적 요구를 대표한다. 2002년의 노무현은 대한민국이 자존감을 갖출 만큼 성장한 시대, 정의와 사회 개혁을 통해 더 나은 사회를 만들어보려는 이들의 롤모델이었다. 고등학교밖에 나오지 못했으면서 독학으로 사법고시에 합격하고, 변호사가 되어 노동자와 힘없는 자들을 위해 일한 노무현은 정의에 대한 시대의 요구였다.

2007년 이명박은 양극화가 극심해진 시기, 자신의 능력과 성과를 통해 부를 쌓고 싶은 이들의 롤모델이었다. 가난하게 살았으면서도 현대건설의 사장이 되고, 서울시장까지 꿰찬 그는 부모의 도움 없이 가난하게 살아가는 사람들에게는 '신화'였다.

박근혜는 어떤가? 박근혜가 '롤모델'이 될 수 있을까? 박근혜는 태생적으로 고귀한 신분이었다. 환생하지 않는 한 일반 서민들은 절대 박근혜가 될 수 없다. 노무현과 이명박은 자수성가형이지만, 박근혜는 아니다. 그렇다면 왜 사람들은 박근혜를 지지하는 것일까? 현재의 시대가 성공을 포기한 시대이기 때문이 아닐까?

---

38 이태경, 〈묻지마 지지자들이 박근혜 믿는 구석〉, 《미디어오늘》, 2012.9.14.

양극화와 빈부격차의 심화로 인해 현대판 신분제가 생겨났다. 돈 많은 자는 뭐든지 하고, 돈 없는 자는 아무것도 할 수 없다. 사람들은 이 시대에서 벗어나 돈 많은 계급이 되기 위해 노력했다. 그러나 이제, 그 노력이 거의 먹히지 않는 '개천에서 용 안 나는' 시대가 되어 버렸다. 박근혜를 지지하는 심리는 이 현대판 신분제를 인정하고, 높으신 분들의 도덕성이나 바라게 된 '포기 상태'가 아닐까? (안철수 역시 마찬가지다. 안철수는 경제적 성공을 거두었지만 뛰어난 도덕성과 공공의식을 갖춘 인물이다.) 천민자본주의가 천민을 만들어낸 셈이다.

그리고 이런 현대판 신분제를 해결하는 하나의 방안이 경제민주화와 복지다. 경제민주화와 복지도 시대정신이자 요구이다. 신분제를 인정하고 높으신 분이 국가를 잘 운영하길 바라는 박근혜 지지 현상도 시대정신이자 요구가 아닐까? 복지국가, 경제민주화와 박근혜는 이 지점에서 만난다.

이처럼 박근혜는 진보 진영이 제기한 복지와 경제민주화를 자신의 아젠다로 흡수했으며, 흡수할 수 있는 능력을 갖추고 있다. 주요 의제를 박근혜에게 빼앗긴 진보는 어떻게 대처할 수 있을까?

진보의 세 가지 대안

— 주저앉히기, 더 세지기, 차별화하기

박근혜가 진보의 아젠다들을 빨아들이는 와중에 진보의 선택지는 세 가지로 좁혀진다. 첫째는 박근혜를 주저앉히는 것이다. 박근혜가 서민 편도 아니고, 도덕성에도 문제가 많다는 점을 폭로하는 것이다. 둘째는 박근혜보다 더 강한 상대를 내놓는 것이다. 셋째는 박근혜와 다른 '대안'을 제시하는 것이다.

박근혜 주저앉히기―박근혜의 적은 박근혜

박근혜의 정적과 박근혜 비판자들은 앞에서 살펴본 박근혜의 강점들을 공격해 박근혜를 주저앉힐 수 있을지 모른다. 먼저 진보 진영은 집요하게 박근혜에게 박정희 시대에 대한 평가를 요구하고, 박정희 시대의 과(過)를 부각시키는 방법으로 박근혜를 주저앉히려 할 것이다.

박근혜는 박정희의 5·16과 유신 모두 박정희의 애국적 결단이고, 어쩔 수 없는 선택이라고 평가한다. 이런 박근혜의 박정희 옹호가 언젠가는 부메랑이 되어 돌아올지도 모른다. 앞에서 살펴보았듯이 박근혜는 박정희를 이어받을 뿐만 아니라, 박정희를 넘어서는 요인을 갖고 있기 때문에 현재의 지지를 유지하고 있다. 박근혜가 5·16과 유신을 적극 옹호하며 박정희에게 갇히는 모습을 보여주면 자신의 지지를 더 확장할 수 없다.

이 사실을 잘 아는 박근혜는 그동안 진보 진영이 박정희 시대에 대한 평가를 요구하면, 이를 '정치공세'라 규정하고 회피하는 입장을 택해왔다. 그러나 박근혜 지지자들과 측근들 내부에서도 이 역사 문제를 빨리 털고 넘어가야 하는 것 아니냐는 주장이 등장하고 있다. 박근혜가 역사 논쟁을 피할 수 없을뿐더러, 박근혜가 역사 논쟁을 회피한다 해도 박근혜 지지자들과 측근들이 논쟁에 우발적으로 끼어들어 박근혜에게 불통이 튀는 사태가 벌어질 수도 있기 때문이다. 실제로 박근혜의 측근인 홍사덕 전 새누리당 의원이 유신은 100억불 수출을 위해 어쩔 수 없는 선택이었다는 말을 했고, 이로 인해 진보 진영은 물론 보수 세력 내에서도 수많은 비판이 쏟아졌다.

박근혜가 박정희에 대한 평가를 계속 회피하는 와중에 박근혜 측근들이 박정희에 대한 일방적 찬양 발언을 툭툭 터트리고, 진보 진영이 이에 대해 공세를 이어갈 경우 박근혜는 박정희에 갇혀버릴지도 모른다. 박근혜와 진보 간의 대결이 정책이나 노선이 아니라 박정희에 대한 평가를 둘러싼 논쟁, 민주화와 반 민주화 간의 대결로 비화할 경우 박근혜가 불리해질 수도 있다는 것이다.

박정희의 과오를 지적함으로써 박근혜까지 묶어서 공격하는 것도 박근혜를 주저앉히기 위해 진보 진영이 시도할 수 있는 또 다른 방법이다. 박정희의 정적이었던 장준하가 타살되었다는 의혹이 제기되자 민주통합당은 고 장준하 선생 의문사진상조사위원회를 만들었다. 민주통합당은 장준하 타살 의혹에 대해 진실 규명을 촉구하면서 타살 의혹이 사실로 밝혀진다면 박근혜도 책임을 져야 한다는 논리를 폈다. 민주통합당 대선후보였던 손학규 캠프의 김유정 대변인은 "만일 박정희 정권에 의한 정치적 타살이 사실로 밝혀진다면 박근혜 후보는 즉각 석고대죄하고 후보직을 사퇴하는 것이 옳다"며 "거짓과 독재, 분노의 역사를 묻어두고 미래를 말할 수 없다는 것을 박근혜 후보에게 강조한다"고 말했다. 민주통합당의 김두관 전 경남지사도 트위터에 "의문사하신 장준하 선생 가족이 박정희 정권의 탄압으로 뿔뿔이 흩어지고 구순을 앞둔 부인은 보증금 1,000만 원에 월세 20만 원으로 생활한다고 한다"며 "참으로 안타깝다, 이래도 아버지의 뜻을 잇겠다는 것인지 박근혜 의원에게 묻고 싶다"고 밝혔다.[39] 언론들도 앞 다투어 '죽은 장준하'가 '산 박근혜'를 잡을 수 있을지에 주목했다. 장준하 의문사는 박정희 정권이 반대자를 직접 살해하는 잔인한 정권이었다는 점을 부각시킬 것이다. 박근혜는 이에 대해 입장을 표명하라는 요구에 시달리고, 이 과정에서 역사 논쟁에 휘말리면서 박정희 안에 갇혀버릴지도 모른다.

박정희가 아니라 박근혜 자신을 공격하는 방법도 있다. 박근혜 지

39 선대식, 〈"타살이면 박근혜 사퇴"… '장준하 의문사' 대선쟁점 되나〉, 《오마이뉴스》, 2012.8.16.

지자들은 박근혜가 서민의 편이며, 사사로이 이익을 추구하지 않는 다고 생각한다. 박근혜가 청렴하며 도덕성이 뛰어난 후보라는 것이다. 거꾸로 말하면 박근혜가 권력을 이용하여 사사로이 이익을 추구했다는 사실이 알려질 경우 박근혜는 치명타를 입게 된다. 몇몇 박근혜 비판자들은 박근혜가 정수장학회와 육영재단, 영남대 등을 통해 불법적인 방식(횡령, 탈세 등)으로 재산을 축적했다는 의혹을 제기한다. 이 의혹이 사실로 밝혀질 경우 박근혜에게는 치명타가 될 것이다.

박근혜 자신이 아니더라도 박근혜의 가족들이 도마에 오를 경우 박근혜의 도덕성에 치명타를 입힐지도 모른다. 정치권에 "박근혜 최대 적은 바로 가족"이라는 말이 있다. 박근혜의 사촌오빠인 박준홍 전 대한축구협회장은 2010년 6·2 지방선거에서 친박연합을 만든 후 3,500만원을 받고 시의원 공천을 해준 혐의로 구속된 적이 있다. 2011년에는 박근혜의 오촌조카인 박용수가 또 다른 오촌조카인 박용철을 채무 등의 이유로 살해한 뒤 스스로 목숨을 끊은 일도 있었다.

박근혜의 친동생 박지만과 박근영(박서영)도 박근혜에게 부담 요인으로 작용할 수 있다. 박근혜와 박근영은 1990년 육영재단 문제로 법적 분쟁까지 겪었다. 당시 박근혜는 "근영이가 어떻게 감히 나한테 (이럴 수 있는가)"라며 엄청난 충격을 받았다고 한다.[40] 박근영의 남편 신동욱은 자신에 대한 청부 살해 미수와 오촌 살해사건 배후로 박지

---

40 천영식, 《나는 독신을 꿈꾸지 않았다》, 북포스, 2005.

만을 지목했고, 허위사실 유포 혐의로 징역 1년 6개월을 선고받았다. 박지만도 갖은 의혹에 시달리고 있다. 박지만이 삼화저축은행 비리 사건과 관련이 있다는 의혹이 제기되었다.

박지만의 부인이자 박근혜의 올케인 서향희 변호사에게도 의혹의 눈길이 쏠린다. 서향희가 박근혜를 배경으로 활용해 법률 자문 계약을 맺었다는 의혹이 있다.[41] 새누리당 김문수 경기도지사는 새누리당 대선후보 경선 과정에서 "'만사올통'이란 말을 아는가"라며, "만사가 올케로 통한다는 뜻"이라며 박근혜에게 서향희 변호사에 대한 의혹을 캐물었다.[42]

박근혜의 조카사위 박 아무개 대유신소재 회장과 조카인 한 아무개 씨 부부에게도 주가조작 및 이를 감추기 위한 허위공시를 통해 40억 원의 부당이득을 취했다는 의혹이 있다. 민주통합당은 이들이 2004~2011년까지 총 6,600만 원의 후원금을 박근혜에게 주었다며, 조카사위 부부의 의혹을 박근혜와 연결시키려 했다.[43]

박근혜를 둘러싼 논란들 중 박근혜가 가장 민감하게 받아들이는 부분은 '최태민 목사 관련 의혹'이다. 최태민 목사는 육영수 여사가 피격된 이후 박근혜와 만나 1975년 대한구국선교단을 발족하면서 총재로 취임했다. 중앙정보부의 수사 자료에 의하면 대한구국선교단

41　강병한, 〈[새누리 후보 박근혜 뒤집어보기](2) 도덕성과 과거를 묻는다〉, 《경향신문》, 2012.8.28.

42　선명수, 〈박근혜 "여론조사 했더니 내 5·16 발언 찬성 50%"〉, 《프레시안》, 2012.7.24.

43　곽재훈, 〈"박근혜 조카 부부, 주가조작으로 40억 부당 이득"〉, 2012.9.10.

이 구국봉사단, 새마음봉사단으로 이름을 바꾸는 동안 최태민은 전권을 행사하며 행정부, 정계, 언론계 등에 영향력을 행사했다고 한다. 한마디로 최태민은 박근혜의 '배후 세력'인 셈이다. 1983년 박근혜가 육영재단 이사장으로 취임하면서 최태민과 딸 최순실이 돌아와 육영재단과 어린이회관 운영에 개입해 이권을 행사한다는 의혹도 제기되었다.

1990년 박근영과 박지만은 노태우 대통령에게 "최 목사로부터 언니(누나)를 구출해달라"는 탄원서를 제출했다. 박근영이 박근혜와 육영재단을 둘러싸고 법적 분쟁을 벌인 이유도 최태민의 영향력에서 박근혜를 구출해내기 위한 시도였다는 주장이 있다. 박근영은 재단 분규 당시 언론 인터뷰에서 "최태민 고문의 비리, 전횡에 대한 혐의 사실은 모두 사실이며 언니는 철저하게 속고 있다. 언니가 최태민의 최면술에 걸려 있다. 지금 최씨를 몰아내는 게 궁극적으로 언니를 돕는 길"이라고 말했다.[44] 박근혜는 최태민 관련 의혹이 근거 없는 것이라고 주장한다.

박근혜는 김연광 《월간조선》 기자와의 인터뷰에서 최태민 목사 관련 의혹에 관해 "말할 가치가 없다"거나 "말도 안 되는 소리"라며 민감하게 반응했다. "박 의원에게 미스터리의 인물 최태민 목사에 대해 집중적으로 물었다. 잘 대답을 하던 박 의원은 최태민 관련 질문이 10분 이상 이어지자 '底意(저의)가 뭐예요'라며 격앙된 반응을 보

44 천영식, 《나는 독신을 꿈꾸지 않았다》, 북포스, 2005.

였다. '공인으로서 답변해야 할 의무가 있다는 건 알지만, 이런 식의 인터뷰는 더 이상 못 하겠다'는 그녀를 진정시켜 인터뷰를 계속했다."[45]

많은 이들이 박근혜를 지지하는 이유는 박근혜의 '강력한 리더십'을 믿기 때문이다. 최태민 의혹이 사실로 밝혀질 경우 박근혜는 치명타를 입는다. 최태민은 박근혜를 뒤에서 조종한 배후 세력으로 묘사되고 있다. 박정희도 박근혜에게서 최태민을 떼어내려 했지만, 박근혜의 최태민에 대한 신뢰가 워낙 강해서 실패했다고 한다. 10 · 26 사건 당시 보안사 정보처에서 근무했던 한 관계자는 다음과 같이 증언했다. "당시 최태민 목사와의 관계 때문에 박 대통령이 걱정을 많이 했고, 떼어놓으려고 무던히 애를 썼다. 박 대통령은 박근혜와 이 때문에 많이 싸웠다. 그런데 박근혜는 지지 않았고, 기어코 자기 뜻대로 했다."[46] 박근혜는 애국애족이라는 자신의 소신과 신념에 따라 누구의 영향도 받지 않고 행동하는 리더로 알려져 있다. 그런데 박근혜가 누군가에게 완전히 휘둘렸고, 배후의 누군가에 의해 조종당했다는 의혹이 사실로 밝혀진다면 사람들은 박근혜의 리더십을 의심하게 될지도 모른다. 이런 사실을 잘 아는 박근혜도 최태민 의혹에 관해 다음과 같이 해명했다. "내가 누구로부터 조종을 받는다는 것은 내 인격에 대한 모독이다. 최 목사는 88년 박정희 기념 사업회를 만

---

45   김연광, 〈직격 인터뷰-박근혜의 비타협적 권력 의지〉, 《월간조선》, 2002년 4월호.
46   천영식, 《나는 독신을 꿈꾸지 않았다》, 북포스, 2005.

들 때 내가 도움을 청할 때 몇 개월 동안 나를 도와주었을 뿐 아무런 관계가 없다."[47]

박근혜보다 더 세지기 — 더 센 사람 등장시키기

박근혜보다 더 센 대안을 제시하는 것도 진보 세력이 박근혜를 넘어서는 방법 중 하나다. 실제로 진보 진영은 박근혜에게 이런 방식으로 대처하고 있다. 박근혜의 복지와 경제민주화에 진정성이 없다는 공격은 박근혜보다 우리가 더 잘할 수 있다는 주장이기도 하다.

지난 2011년 9월 박근혜를 깨뜨린 인물이 등장했다. 박근혜보다 더 센, 어떤 정당과 정치인보다 더 센 인물이 등장했다. 안철수다. 안철수가 서울시장 재보궐 선거에 출마한다는 소식이 전해지자 안철수의 지지율은 50%를 넘어섰다. 안철수가 박원순에게 서울시장을 양보하자, 안철수는 대선주자로 올라섰다. 대선주자 자리에 올라서자마자 안철수는 진보 진영의 그 누구도 깨뜨리지 못했던 박근혜를 깨뜨렸다. 〈CBS 김현정의 뉴스쇼〉가 안철수의 서울시장 불출마 선언 직후 여론조사기관 리얼미터에 의뢰해 실시한 여론조사에서 안철수는 야권 단일후보로 출마할 경우 43.2%를 얻어 40.6%에 그친 박 의원을 앞서는 것으로 조사됐다.[48] 진보언론, 보수언론의 조사를

---

47 천영식,《나는 독신을 꿈꾸지 않았다》, 북포스, 2005.

가리지 않고 안철수는 박근혜의 지지율을 제치고 1위로 등극했다.

안철수가 대선 출마에 대한 생각을 밝히지 않고, 박근혜가 대선 행보를 이어가면서 박근혜의 지지율은 다시 안철수를 제쳤다. 그러나 안철수가 자신의 정책 구상을 밝힌《안철수의 생각》을 출간하고, 〈SBS 힐링캠프〉에 출연해 대선 출마에 관한 자신의 생각을 밝히자 안철수의 지지율은 다시 박근혜를 뛰어넘었다. 특히 4·11 총선에서 민주통합당과 통합진보당을 비롯한 진보 진영이 박근혜가 이끄는 새누리당에게 패배하자, 대안은 안철수뿐이라는 주장이 떠오르기 시작했다.《안철수의 생각》출간 이후 박근혜의 지지도는 14주 만에 30%대로 추락했다.[49] 심지어 여론조사 기관 리얼미터의 조사에 따르면, 박근혜의 지지율이 다자대결구도(안철수 vs 박근혜 vs 문재인)에서도 안철수에게 밀리며 20%대로 추락한 적도 있다.[50] 박근혜가 5·16 옹호 발언 등을 통해 박정희의 그늘에 갇히는 모습을 보여줄 때 박근혜의 지지층 일부가 안철수에게로 넘어가기도 했다.[51]

그 누구도 꺾지 못했던 박근혜를 안철수가 누르고, 거기다 박근혜의 지지층까지 안철수가 흡수할 수 있는 이유는 안철수가 박근혜보다 더 '센' 상대이기 때문이다.

박근혜 지지자들은 박근혜의 반듯하고 절제된 모습이 좋다고 말

48   김완, 〈박근혜 대세론 깨졌다 "안철수 43.2% vs 박근혜 40.6%"〉,《미디어스》, 2011.9.7.

49   곽재훈, 〈'안철수 쇼크'? 박근혜 지지율 30%대로 하락〉,《프레시안》, 2012.7.23.

50   박정엽, 〈박근혜, 다자대결서도 안철수에 밀려〉,《뷰스앤뉴스》, 2012.7.26.

51   김완, 〈박근혜 '5·16은 최선' 발언 이후 지지율 급락세〉,《미디어스》, 2012.7.18.

하지만, 안철수 지지자들도 아마 똑같은 말을 할 것이다. 《한겨레》 이재훈 기자는 안철수의 반듯한 모습에 대해 다음과 같은 평을 한다. "안철수는 반듯한 사람이다. 대중 앞에 흐트러진 모습을 보여준 적이 없다. 항상 정장을 차려입고 2대 8 가르마를 단정하게 유지한다. 어떤 불편한 질문에도 항상 웃는 얼굴을 유지한다. 다소 어눌해 보이는 말투와 일관된 톤의 목소리로 자신의 의견을 조목조목 피력한다. 외모만큼이나 인상과 말투에서 흐트러짐을 찾아볼 수 없다."[52] 안철수가 〈힐링캠프〉에 출연했을 때, 그는 화가 나면 욕실에서 소리를 지른다고 말했다. 이에 MC들은 안철수의 그런 모습을 상상할 수 없다고 말했다. 그러자 안철수는 소리가 들리지 않게 물을 크게 틀어놓고 소리를 지른다고 말했다. 안철수의 감정 절제와 타인들에게 단정한 모습을 보여주려는 태도를 잘 엿볼 수 있는 에피소드다.

박근혜 지지자들은 박근혜가 원칙과 신뢰의 아이콘이라 말한다.[53] 안철수 지지자들도 아마 똑같은 말을 할 것이다. 2011년 1월 28일에 방영된 〈MBC 스페셜〉 '2011년 신년특집 안철수와 박경철' 편의 방송되지 않은 편집본 녹취록에서 연예인 김제동은 안철수를 두고 "산전수전 다 겪은 도덕 선생님 같다"고 말했다. 이에 안철수도 "제 책을 사신 분이 자기가 어른이 된 이후에 처음으로 만 원을 내고 도덕 교과서를 사봤다고 애기하더라"라고 답했다.[54] "세상살이를 교과서처럼

---

52 이재훈, 《안철수 밀어서 잠금해제》, 메디치, 2011.
53 안철수 역시 박근혜에 대해 "원칙 있고 좋은 정치인"이라는 평가를 남겼다.
54 이재훈, 《안철수 밀어서 잠금해제》, 메디치, 2011.

곧이곧대로 하면 안 되다는 사람들을 간혹 보지만, 나는 그 말에 찬성하지 않는 편이다. 나는 여전히 교과서와 책은 지혜와 행동의 기준을 얻는 데 가장 효과적인 도구라고 생각한다."[55] 안철수는 도덕 교과서처럼 행동하며 원칙을 지키며 살아왔다. 그리고 물질적 성공까지 거두었다. 그의 말과 행동은 사람들에게 신뢰를 준다. "안철수는 이명박으로 대표되는, 반칙을 일삼으며 성공한 비도덕적인 탐욕주의자들의 출현에 지친 이들에게 '원칙대로 살면서도 성공한' 한국 사회의 유일한 롤모델로 기능한다. 원칙과 반칙, 도덕과 비도덕, 절제와 탐욕의 대립 관계에서 안철수는 원칙과 도덕, 그리고 절제라는 가치우월적 지위를 홀로 점유하고 있다."[56]

박근혜 캠프에 참여한 김종인은 〈박종진의 쾌도난마〉에 출연해, 박근혜에게 '물질과 권력에 대한 탐욕이 없기 때문에' 박근혜를 지지한다고 밝혔다. 진행자 박종진이 "그건 안철수 교수도 마찬가지 아닙니까?"라고 묻자 김종인은 그런 거 같다고 말을 흐렸다. 안철수야말로 사람들이 생각하기에 물질과 권력에서 자유롭게, 사사로이 이익을 추구하지 않고 공익을 위해 평생을 살아온 사람이다. 안철수는 힘들게 의사 면허를 딴 뒤 컴퓨터 백신 개발에 뛰어들었고, 열심히 개발한 백신을 대중에게 무료로 나눠주었다. CEO를 그만둘 때는 안철수연구소의 주식을 직원들에게 공짜로 나눠주었다. 〈MBC 무릎팍

55 안철수, 《CEO 안철수, 지금 우리에게 필요한 것은》, 2004.
56 이재훈, 《안철수 밀어서 잠금해제》, 메디치, 2011.

도사〉에 출연한 안철수는 군대 가기 전날까지 백신 개발에 몰두했다는 에피소드를 들려주었다. 〈SBS 힐링캠프〉에서는 기업의 목적이 돈 버는 게 아니라는 말도 했다. 돈은 기업이 사회적 책임과 공공의 이익에 기여했을 때 돌아오는 대가라는 것이다. "새누리당만 찍는 사람도 안철수 나오면 찍겠다는 사람이 제 주위에 여럿 있더라고요. 어머니도 그렇고, 거래처 사장님도 박정희를 제일 존경하는데 안철수를 찍겠대요. 그래서 이유가 뭐냐 했더니 자기가 안철수 덕분에 공짜로 'V3'(백신 프로그램)를 10년 동안 썼다는 거예요."[57]

안철수는 물질뿐만이 아니라 권력으로부터도 자유로운 모습을 보여주었다. 서울시장 출마설이 나돌자마자 안철수의 지지율은 50%를 넘어섰다. 그러나 안철수는 지지율이 10%도 안 되는 박원순에게 아무 조건 없이 서울시장 자리를 양보하고 박원순 지지를 선언했다. 안철수 지지자들은 권력을 탐하지 않는 그의 모습에 더욱 열광했다.

본인을 좌파, 우파로 규정하지 않는 태도도 박근혜에 뒤지지 않는다. 〈힐링캠프〉에서 안철수는 자신이 보수인지 진보인지 묻는 질문에 "보수 진보 이전에 상식과 비상식이 더 중요하며, 자신은 상식파다"라고 말했다. 언론들은 이러한 안철수를 '탈이념'이라 정의한다. 이런 이유 때문인지 본인을 보수도 진보도 아니라고 생각하는 중도층이 안철수를 지지한다.

《조선일보》의 여론조사 팀장 홍영림은 이 지점에서 박근혜와 안

---

57 곽재훈, 〈안철수, 메시아인가 실패한 제3후보인가?〉, 《프레시안》, 2012.8.15.

철수의 유사점을 찾는다. "결국 '박근혜 현상'과 '안철수 현상'은 지지 정당이 확고하지 않거나 아예 지지하는 정당이 없는 유권자, 즉 정치 상황과 이슈에 따라 진보와 보수를 오가는 부동층인 '스윙 보터(Swing Voter)'가 만들어낸 현상이다. 최근 아산정책연구원 조사에선 우리 국민 중 '지지하는 정당이 없다'가 36%, '지지 정당이 있지만 바꿀 의향이 있다'가 31%였다. 전 국민의 10명 중 7명가량이나 지지하는 정당이 고정적이지 않은 스윙 보터인 셈이다. 스윙 보터가 이처럼 늘어난 것은 여·야 정당 모두에 기대를 접은 국민이 많아졌다는 것을 의미한다. 아산정책연구원 조사에서도 일자리 창출, 소득 재분배, 교육 문제 등의 현안을 '잘 해결할 수 있는 정당이 없다'는 응답이 국민의 절반에 육박하는 40%였다. 스윙 보터의 다수는 현 정부의 중도실용 노선의 진정성을 믿지 못하면서 동시에 무상복지로 대표되는 야권의 좌편향 행보에도 거부감을 지니고 있다는 분석도 있다. 이들은 이념적 일관성을 갖고 투표하는 게 아니라 그때그때 자신의 삶에 도움을 줄 만한 쪽을 찾아 표를 던지는 게 특징이다. "제가 안보는 보수고, 경제는 진보'라고 말하며, 한나라당에 대해선 '응징'과 '지지'란 단어를 번갈아 사용한 안 교수는 스윙 보터의 전형(典型)이다."[58]

박근혜가 진보 진영에 비해 경제민주화와 복지를 더 잘할 것 같다는 인상을 주듯이, 안철수도 안철수라면 경제민주화와 복지를 정말 잘할 것 같다는 믿음을 준다. 안철수는 실제로 벤처기업을 운영하면서 대기업의 횡포에 대해 경험하고, 이를 바탕으로 정부의 중소기업

대책에 쓴 소리를 한 사람이다. 경제민주화와 복지에 대해 똑같은 이야기를 하더라도, 사람들은 안철수의 이러한 경험과 이미지를 더 중요한 힘으로 받아들인다.

"똑같이 '재벌 규제'를 얘기해도 순환출자 규제 이렇게 말하면 못 알아듣는데, 안철수가 〈힐링캠프〉에서 빵집 얘기를 하잖아요? 이론적으로는 당연한 얘기인데 안철수가 설명을 하니까 사람들이 '아, 그렇구나' 하더라고요. 실제로 얼마나 시대정신을 반영하는지 모르겠지만 사람들이 보기에는 가장 가까운 이미지로 보인다는 거죠. (…) 인간 안철수의 매력은 시대정신과도 맞고, 여러 가지 이력도 그렇죠. 지금 화두가 정의, 평화, 복지 3가지잖아요. 그 얘기를 할 수 있는 백그라운드를 가진 사람이 안철수가 제일 부합되는 것 같아요. 나중에 잘할 거냐는 차치하고 그런 느낌이 있어요. 또 민주당한테 많이 실망을 하고 하니, 머리로는 '메시아를 바라면 안 된다'고 하면서도 왠지 안철수는 잘할 것 같고 뭔가 바꿀 것 같아요. (…) 평화, 복지는 안철수가 얘기해도 그냥 그런데, 정의가 안철수의 아이콘 아닐까요? 다른 야권 주자들은 아무리 정의를 얘기해도 사람들이 수긍하지 못하는데 안철수가 하면 '아, 맞아. 쟤가 저렇게 살아왔지'라는 공감대가 가장 큰 것 같다는 생각이 들어요."[59]

박근혜는 복지와 경제민주화를 통해 '기회의 평등'의 중요성을 강

---

58 홍영림, 〈'박근혜 현상'과 '안철수 현상'〉, 《조선일보》, 2011.9.8.
59 곽재훈, 〈안철수, 메시아인가 실패한 제3후보인가?〉, 《프레시안》, 2012.8.15.

조했다. 안철수도 마찬가지다. 안철수는 늘 기회의 평등을 강조해왔다. 〈무릎팍 도사〉에서 안철수는 한국은 미국의 실리콘밸리와 달리 패자들에게 재도전의 기회를 주지 않는다고 말했다. 안철수는 〈힐링캠프〉에서도 '정의'에 대해 다음과 같이 말했다. "기회를 가지지 못한 사람들에게 같은 출발선상에 설 수 있게 기회를 주고 경쟁을 시작하면 그 과정 중에 편법이나 특혜가 없어야죠. 정부가 감시해서 공정한 기회가 이루어질 수 있게, 패자에게도 재도전의 기회를 줄 수 있어야 합니다." 복지 역시 국민 개개인의 불안감을 달래며 성장을 이루는, 청년들이 마음 놓고 도전하게 만드는 역할을 한다. 정부의 역할은 시장의 공정성을 지키는 것이다. 안철수는 자신의 재산 1,500억 원을 사회에 환원했다. 그 이유는 불쌍한 사람들을 돕고 싶다거나 그런 것이 아니었다. 안철수는 자신의 성공을 자신의 능력만으로 이룬 것이 아니기 때문에 나머지 몫을 사회에 돌려주는 것이 더 '공정'하다고 말했다.

기회의 평등과 공정한 시장경제를 강조한다는 면에서 안철수는 박근혜와 유사한 면이 있다(물론 이 측면을 빼곤 다른 면도 많다). 《동아일보》는 더 나아가 안철수와 박근혜의 생각이 닮은꼴이라고 주장했다. "안 원장이 19일 펴낸 책 《안철수의 생각》에 담긴 경제민주화, 복지 등에 대한 진단이 박 의원이 밝혀 온 국정운영 구상과 매우 닮았다는 얘기가 많다. 경제민주화와 복지는 거론하지 않는 대선주자가 없을 정도로 공통 화두다. 하지만 저마다의 해법 속에서도 안 원장과 박 의원의 거리가 유독 가까워 보이는 게 사실이다. (…) 두 사람이 추구하는 복지 모델은 매우 흡사하다. 경제민주화에 대한 인식도 닮았다."[60]

안철수는 복지, 경제민주화를 이루는 방법으로 소통과 합의를 제안한다. "소통과 합의가 중요하다고 생각합니다. 우리가 원하는 미래 사회, 복지 사회를 이룬 나라들을 봅시다. 대표적으로 많은 사람들이 이야기하는 스웨덴이 있잖아요. 스웨덴은 진보정당인 사민당이 정권을 잡았을 때 야당과 대화를 통해서 사회적 대타협을 이뤄 복지국가를 만들 수 있었습니다. 또 독일은 스웨덴과 반대로 보수당인 기민당이 집권한 후 야당과 힘을 합쳐 복지국가를 만들었죠. 선진국들의 경험을 보면 복지국가는 정치·사회 세력 간에 대립이 아니라 소통과 합의가 이뤄져야만 가능하다는 교훈을 얻을 수 있습니다."[61] 이런 이유 때문인지 안철수는 대통령의 역할이 '소통과 합의의 중심에 서는 것'이라 말한다.

그리고 사람들은 안철수가 이 '소통'의 중심에 선 인물이라고 말한다. 안철수는 청년들이 살기 힘들다는 말을 듣고, 청춘콘서트를 기획하여 전국을 돌아다니며 청년들의 목소리를 들었다. 청년들은 청년 정책을 내세우며 자신들을 지지해달라고 말하는 정치인들보다 안철수에게 더 열광했다. 문제 해결을 장담하는 정치인들이 아니라 이 상황이 문제라는 데 깊이 공감한 '멘토'에게 더 열광한 것이다. 대

---

60 홍수영, 〈[안철수 사실상 대선출마 선언] 安의 생각, 박근혜와 닮은꼴?〉,《동아일보》, 2012.7.20.
61 안철수,《안철수의 생각》, 김영사, 2012.

선 출마에 대한 태도도 마찬가지다. 일반적인 정치인들은 대권 출마를 선언하고, 정책과 비전을 제시한 다음 자신을 지지해달라고 말한다. 그러나 안철수는 책을 내고, 이 책에 대한 반응을 통해 자신의 생각이 국민들의 기대치에 맞는지 검증받고자 한다. 그리고 기대치에 부응하지 않는다면 다시 제자리로 되돌아갈 것이라고 말하기도 했다.

이러한 소통은 박근혜의 불통 이미지, 권위주의 리더십과 비교되며 더욱 빛난다. "네트워크 시대의 수평적 리더십이죠. 위계에 따라 국가를 운영하는 게 아니라 수평적으로 책임과 권한이 명확한 속에서 폭넓게 인재들을 기용하면서 할 수 있는, 국가운영을 오히려 현대화할 수 있는 이미지를 갖고 있죠. 그런데 '듣보잡'이 아니라 회사도 그렇게 키워왔어요."[62]

안철수의 모든 면이 박근혜와 닮은 건 당연히 아니다. 하지만 박근혜와 안철수는 비슷한 종류의 강점 몇 가지를 공유하고 있다. 원래 누군가의 가장 큰 적은 그 사람과 비슷한 사람이다. 시니컬한 사람의 가장 큰 적은 자기보다 더 시니컬한 사람이다. 비아냥거리는 사람에겐 똑같이 비아냥거리는 사람이 제격이다. 안철수는 박근혜가 가지고 있는 신뢰, 원칙, 절제, 상식의 이미지를 그대로 가지고 있다.

더 나아가 안철수는 박근혜가 갖지 못한 것도 가지고 있다. 박근혜는 진보 진영의 비판자들에게 불통이라고 시달리지만, 안철수는 보수 세력에게도 소통을 잘한다고 인정받는다. 또한 박근혜가 아무

---

62 곽재훈, 〈안철수, 메시아인가 실패한 제3후보인가?〉,《프레시안》, 2012.8.15.

리 다른 정치인들과 다른 대접을 받는다 해도 그녀는 닳고 닳은 정치인이다. 반면 안철수는 정치에 몸을 담은 적이 없는 새 인물이다. 정한울 동아시아연구원 여론분석센터 부소장은 "박 후보는 안 원장의 정치 경험 부재와 불안정성을 지적할 것이고, 안 원장은 박 후보를 '앙시앙 레짐'(구체제) 인사로 몰아붙일 수 있다"고 지적했다.[63]

박근혜와 차별화하기—박근혜의 원칙과 상식 넘어서기

진보 진영이 박근혜를 넘어서는 방법은 박근혜의 상징을 깨뜨리는 것이다. 이는 '대선 후보' 박근혜를 이기는 전략 같은 것이 아니다. 아마 진보 진영은 '대선 후보' 박근혜를 이기기 위해 박근혜의 도덕성을 검증하여 그녀를 주저앉히거나 박근혜보다 더 신뢰 있고 진정성 있는 후보를 내세워 박근혜와 정면 승부를 하려 할 것이다.

하지만 사회 변화와 정치 개혁을 꿈꾸는 것이 진보라면, 단순히 대선에서 박근혜를 어떻게 상대할지만을 생각해서는 안 된다. 이명박이 대통령이 된 이후 많은 이들은 이명박이 대통령직에서 물러나면 모든 것이 다 해결될 것처럼 행동했다. 하지만 우리가 아무리 이명박한테 시달려도, 이명박은 5년이 지나면 자리에서 내려온다. 우

---

63 김정곤, 〈박근혜-안철수 대결 땐 '원칙 vs 새 정치' 팽팽〉, 《한국일보》, 2012.8.22.

리가 이명박의 시대를 넘어서야 한다면 이명박의 상징을 넘어서야 하고, 사람들이 이명박을 지지한 그 이유를 넘어서야 한다. 박근혜도 마찬가지다. 우리가 박근혜를 진정으로 넘어서고 싶다면 박근혜의 상징을 넘어서고, 사람들이 박근혜를 지지하는 그 이유를 넘어서야 한다.

박근혜는 '100% 국민'을 내세운다. 국민 모두를 대변하고, 통합과 화합을 이끌어내겠다는 것이다. 그 방법은 국가가 특정 세력이나 개인의 편을 들지 않는 것이다. 모두에게 기회를 제공한다. 아니, 국가도 결국 인간이 운영하는데 어떻게 중립적으로 기능할 수 있을까? '원칙'과 '상식'에 의하여 판단하면 된다. 무엇이 국익인지 판단하면 된다.

그러나 원칙과 상식은 과연 그 자체로 공정할까? 대선 전략가로 알려진 윤여준은 상식과 비상식의 구도가 위험하다며 다음과 같이 말했다. "상식, 이거 조심해야 한다. 누구나 상식이라는 말을 잘한다. 저도 상식이라는 말을 잘했었다. 상식인이 되려고 노력해온 사람이다. 최근에 《상식의 역사》라는 책을 봤는데, 거기 보면 나는 상식이라고 보는데 상대방은 비상식이라고 볼 수 있다는 대목이 나온다. 2차 세계대전 때 게르만의 우수성을 보존하는 게 독일 국민에게 상식이었다는 것이다. 그게 인류에 얼마나 끔찍한 참화를 가져왔나. 상식이 가져온 재앙이다. 그 책을 보고 깜짝 놀랐다. 아이고, 상식이라는 말 정말 조심해야겠다. 특히 정치 지도자는 상식이라는 말 함부로 입에 올리면 안 되겠다는 생각이 들었다. 상식과 비상식을 나누는 게 굉장히 위험할 수 있다."[64]

박근혜에게 원칙이고 박근혜에게 상식인 게 우리한테는 원칙도 상식도 아닐 수 있다. 2007년까지만 해도 박근혜에게 줄푸세는 헌법(시장경제)에 부합하는 원칙이자 상식이었다. 이를 지키지 않고 높은 세금을 매겨 투자자들을 도망가게 하고, 시장에 개입하려고 하는 노무현 정부는 '간판을 내려야 할 정당'이었다.

그러던 박근혜가 이제는 공정한 시장경제, 원칙이 선 자본주의를 내세운다. 박근혜에게 자본주의 그 자체는, 시장경제 그 자체는 의심할 여지없이 좋은 체제이다. 시장경제가 공정하기만 하면, 자본주의가 원칙대로 움직이기만 하면 정부는 개입할 필요가 없다. 그러나 시장경제의 원칙은 공정함이 아니라 '이윤'이고, 자본주의의 원칙도 '이윤'이다. 사람들은 이윤을 얻기 위해 경쟁을 하고, 기업을 운영한다. 기업들은 이윤을 추구하는 과정에서 노동자를 착취하고 독점화되어간다. 정치권에 로비를 하고, 사회 전반에 영향력을 행사한다.

신자유주의의 폐단은 '지나친 탐욕'으로 인해 발생한 것이 아니다. 1970년대 유럽과 미국은 이윤율이 계속 하락하는 위기를 맞이했고, 이 과정을 반전시키고자 자본가들은 신자유주의라는 계급 착취를 선택했다. 금융 부문이 실물경제를 압도하는 금융화 현상도 몇몇 금융기업들의 탐욕 때문에 발생했다고 보기 힘들다(물론 그들은 탐욕스럽

---

64 박세열, 〈"박근혜, 궁정정치도 아니고… 재창당 못 넘으면 답 없다"〉, 《프레시안》, 2011.12.18.

다. 하지만 더 중요한 문제는 자본주의와 시장경제가 그들의 탐욕을 허용한다는 것이다). 실물경제는 더 이상 이윤을 내지 못했고, 자본가들과 대기업들은 금융업을 통해 이윤율을 회복하고자 했다. 신자유주의와 금융화는 자본주의의 원칙이자 시장경제의 상식인 이윤을 살리기 위한 자본과 기업의 시도였다.

그리고 이 신자유주의와 금융화의 과정에서 현재의 경제 문제가 발생했다. 양극화는 심화되었고, 노동자들은 해고에 시달렸으며 서민들은 빚더미에 앉았다. 이 과정이 모두 시장경제와 자본주의가 이윤이라는 원칙대로 움직인 결과다.

이런 상황에서 박근혜가 고작 대안으로 내놓는 것이 '기회의 평등'이다. 당연하다. 국가가 자원을 직접 배분하는 것은 자본주의와 시장경제의 원칙에 어긋나기 때문이다. 그렇다면 왜 기회의 평등이 사라졌는가? 기업과 자본이 사악해서? 자본과 기업이 이윤의 법칙에 의해 움직이기 때문이다. 옛날 386들은 밤낮 데모해도 괜찮은 학벌만 있으면 쉽게 취직했다던데, 왜 지금 청년들은 아무리 좋은 스펙을 가져도 취직하기가 어려울까? 왜 비정규직으로 취직해야만 할까? 정규직이 된다 해도 왜 엄청난 노동 강도에 시달리는 걸까?

386들이 살던 시기는 한국 자본주의가 고도성장하던 시기였으나, 지금은 그렇지 않기 때문이다. 고도성장 시기에는 기업과 자본이 고용을 늘리고, 이를 통해 확보한 노동력으로 다시 생산을 하고 이윤을 늘렸다. 그러나 지금은 고용을 하고 생산을 해도 이윤이 그만큼 늘어나지 않는다. 기업들은 이윤을 확보하기 위해 임금을 줄이거나 노동자들을 해고하거나(혹은 해고하기 쉬운 고용조건을 만들거나, 즉 비정규직) 노동자들을 엄청나게 착취한다. 이런 자본주의와 시장경제의 위기에 따라 기회의 평등이 사라진 것이다. 이 위기를 해결하지 않는 한 기업은 계속 범죄를 저질러서라도 이윤을 확보하려 할 것이고, 비정규직을 계속 사용하고 싶어 할 것이며, 정리해고를 일삼을 것이다.

박근혜가 주장하는 대로 서민과 노동자가 겪고 있는 경제 문제를 해결하려면 어떻게 해아 할까? 간단하게 생각하면 두 가지 방법이 있다. 하나는 자본주의의 위기를 끝내는 것이다. 그러나 이는 너무 어려운 문제다. 자본주의의 위기를 극복하기 위해 자본가들이 내놓은 대안이었던 금융화마저 실패한 지금, 무엇으로 자본주의의 위기를 끝낼 수 있을지 막막하다. 다른 하나는 기업과 자본의 이윤 추구라는 원칙을 부정하고, 국가가 강력히 개입하여 이들을 억누르는 것이다. 금융시장을 감독하고, 규제를 통해 기업과 자본의 움직임을 국가의 통제 하에 두어야 한다. 한 나라가 수행하기엔 지나치게 벅찬 과제일 수도 있다. 박근혜가 이렇게 하려고 할까? 시장경제와 자본주의의 원칙에 벗어난다고 생각하지 않을까? 박근혜뿐만이 아니다. '기업하기 좋은 나라' 따위를 나불거리는 정치 세력은 이 과제를 수행할 수 없다.

박근혜가 내세우는 '국익'도 마찬가지다. 국익은 참으로 애매모호한 개념이다. 과연 '누구에게' 이익인가? 박근혜는 한미 FTA에 찬성하며, 한미 FTA가 대한민국의 국익에 도움이 되므로 꼭 해야 한다고 말했다. 한미 FTA는 대한민국 국민 100%에게 이익을 가져다줄까?

누구에게 이익이 되는 걸까? 박근혜는 제주도에 해군기지를 짓는 것도 국익에 부합한다고 말했다. 누구에게 이익일까? 박근혜는 찬성과 반대가 갈릴 수 있으며, 이익을 보는 사람들과 손해를 보는 사람들 간의 이해관계가 첨예한 사안을 '국익'이라는 이름으로 묶어버린다. 국가는 이 국익을 추구하기 위해 존재하며, 지도자는 국익을 위해서라면 일부의 반대를 무릅쓰고서라도 자신의 정책을 강행한다. 박정희가 노동자들을 죽여가며 국익을 위해 개발 독재를 밀어붙이고, 민주주의를 파괴하면서 국익을 위해 유신을 밀어붙였듯이 말이다. 대안은 없다.

진보 진영은 박근혜의 상식과 원칙, 국가관을 뛰어넘는 대안을 제시해야 한다. 박근혜가 내세우는 공정한 시장경제와 원칙이 선 자본주의가 서민들의 삶을 나아지게 하는 데 별 도움이 될 수 없다는 사실을 드러내고, 그렇다면 이 위기를 끝장낼 방법이 무엇인지, 자본과 기업을 통제할 방법이 무엇인지 모색해야 한다. 박근혜가 내세우는 국익이 누구에게 이익이고 누구에게 손해인지도 낱낱이 밝혀야 한다. 국가와 지도자가 국익이라는 이름하에 밀어붙였던 일들이 평범한 사람들의 삶을 어떻게 짓밟았는지 보여줘야 한다. 그리고 짓밟힌 평범한 사람들의 연대를 통해 국가와 지도자가 내세운 국익을 넘어설 대안을 보여줘야 한다. 전태일이 이름 없는 노동자들의 연대를 통해 박정희의 개발 독재가 유일한 대안이 아니라는 사실을 보여주었듯이, 보수 세력이 국익 논리를 내세워 밀어붙이는 사업들이 유일한 대안이 아니라는 사실을 보여줘야 한다. 그래야 진보가 이긴다.